Konzeptionierung eines Reifegradmodells zur Messung des Status des Multiprojektmanagements

Marie Limberg / Prof. Dr. Andreas Jonen

01/2024

Bibliografische Information der Deutschen Nationalbibliothek: Die Deutsche Nationalbibliothek verzeichnet diese Publikation in der Deutschen National-bibliografie; detaillierte bibliografische Daten sind im Internet über _dnb.dnb.de_ abrufbar.

© 2024 Marie Limberg / Jonen Andreas

Herstellung und Verlag: BoD - Books on Demand, Norderstedt

Design-Konzept Umschlagsabbildung: Iuliia Ponomarenko

ISBN: 978-3-757-859626

Die Mannheimer Beiträge zur Betriebswirtschaftslehre werden von den Professor*innen der Fakultät Wirtschaft, Duale Hochschule Baden-Württemberg Mannheim (DHBW) seit dem Jahr 2004 herausgegeben. Diese werden durch ein Editorial Board vertreten.

Die DHBW ist die erste staatliche duale Hochschule in Deutschland mit dem besonderen Merkmal der konsequenten Verzahnung des wissenschaftlichen Studiums mit anwendungsbezogenem Lernen in der Arbeitswelt. Sie wurde am 1. März 2009 gegründet und führt das seit über 45 Jahren erfolgreiche duale Modell der früheren Berufsakademie Baden-Württemberg fort.

Zielsetzung der Mannheimer Beiträge ist, die Diskussion zwischen Hochschule, Wissenschaft und Praxis zu fördern. Das Themenspektrum erstreckt sich auf Forschungsfragen aus dem gesamten Spektrum der anwendungsbezogenen Wirtschaftswissenschaften und fokussieren insbesondere den Theorie-Praxis-Transfer.

Die jeweiligen Bände unterliegen einem internen Begutachtungsprozess, sodass der wissenschaftliche Anspruch, die Aktualität und die thematische Passung sichergestellt werden.

Weitere Informationen auch zu den bisher erschienen Bänden erhalten Sie unter: https://www.mannheim.dhbw.de/forschung-lehre/schriftenreihe

Grußwort

Sehr geehrte Leserinnen und Leser,

als Präsident der GPM Deutsche Gesellschaft für Projektmanagement e. V. ist es mir eine besondere Ehre, das Vorwort für die Publikation der Ergebnisse der hervorragenden Bachelorarbeit von Marie Limberg zu verfassen. Mit ihrer Arbeit "Konzeptionierung eines Reifegradmodells zur Messung des Status des Multiprojektmanagements" hat Marie Limberg einen bedeutenden Beitrag zur Entwicklung des Projektmanagements geleistet. Diese Arbeit wurde im Jahr 2023 mit dem Deutschen Studienpreis für Projektmanagement der GPM ausgezeichnet, was die hohe Qualität und Relevanz ihrer Forschung unterstreicht.

In ihrer Arbeit, "Konzeptionierung eines Reifegradmodells zur Messung des Status des Multiprojektmanagements", evaluiert Marie Limberg verschiedene Reifegradmodelle und entwickelt darauf aufbauend einen eigenen Ansatz, der unter anderem auch die Einschätzung von Experten auf dem Gebiet des Multiprojektmanagements reflektiert. Ihr Ansatz zur Messung und Verbesserung des Multiprojektmanagements in Unternehmen stellt einen wesentlichen Fortschritt dar, zeigt er doch auf beeindruckende Weise, wie sich theoretisches Wissen und praktische Anwendung im Bereich des Multiprojektmanagements ergänzen können.

Für die GPM ist es von großer Bedeutung, solche innovativen Ansätze zu fördern und sichtbar zu machen. Wir sind stolz darauf, dass wir mit dem Deutschen Studienpreis für Projektmanagement junge Talente wie Marie Limberg unterstützen und ihre exzellenten Leistungen würdigen können.

Ich bin überzeugt, dass diese Arbeit für jeden, der im Bereich Multiprojektmanagement tätig ist oder sich für dieses Feld interessiert, eine wertvolle Lektüre darstellt. Sie bietet nicht nur einen tiefen Einblick in die aktuellen Herausforderungen und Lösungsansätze im Multiprojektmanagement, sondern auch Inspiration für zukünftige Forschung und Praxis in diesem dynamischen Bereich.

Mit besten Grüßen,

Prof. Dr. Peter Thuy

Präsident, GPM Deutsche Gesellschaft für Projektmanagement e. V.

Abstract

Das zielführende Umsetzen von Projekten ist ein essenzieller Erfolgsfaktor für Unternehmen in einem Umfeld von zunehmender Komplexität und steigendem Wettbewerb. Daher ist es von großer Relevanz ein funktionierendes Projektmanagement zu implementieren, insbesondere um Mehrprojektsituationen zu meistern. Um diesen Anforderungen gewachsen zu sein, muss ein erfolgreiches Multiprojektmanagement [MPM] im Unternehmen betrieben werden. Jedoch stellt die Einführung eines MPM ein komplexes Vorhaben dar und es ist notwendig, dass MPM kontinuierlich weiterzuentwickeln. Somit ist es auch für Unternehmen, die bereits ein MPM im Unternehmen eingeführt haben, von besonderer Bedeutung, Möglichkeiten zur Weiterentwicklung der Projektarbeit zu finden.

Mithilfe eines Reifegradmodells kann die Qualität der Projektarbeit bewertet und Schritte zur Verbesserung abgelesen werden. Hierzu existieren zahlreiche Modelle für einzelne Projekte, jedoch keines, welche alle relevanten Aspekte des MPM abdeckt. Deswegen wird in diesem Beitrag ein solches Reifegradmodell zur Messung des Status des MPMs entwickelt.

Als Startpunkt zur Entwicklung wurden die relevantesten vier bestehenden Reifegradmodelle mithilfe von allgemeinen und inhaltlichen Kriterien analysiert. Die Analyse zeigte, dass die Reifegradmodelle Defizite in Bezug auf die Verwendung für das MPMs aufweisen, sodass keines der Modelle ohne Modifikationen zur Anwendung im MPM empfohlen werden konnten. Um Lösungsansätze über die bestehende Literatur hinaus eruieren zu können, wurden im Rahmen von Experteninterviews zusätzliche Erkenntnisse für die Reifegradmodellierung gewonnen. Die Untersuchung stellte zum einen heraus, dass es Verbesserungsbedarf gibt und Reifegradmodelle sich eignen, die Einordnung und den Prozess der Leistungssteigerung zu unterstützen. Zum anderen wurde auf Basis der Ergebnisse ein Reifegradmodell aus fünf Stufen entwickelt, welches den Stand des MPMs im Unternehmen darstellt. Es bildet dabei insgesamt die fünf Dimensionen „Organisation", „Kompetenzen", „Prozesse", „Ressourcen" und „Technologien" ab. Durch einen kurzen Fragebogen ist eine erste schnelle Einordnung in einen Reifegrad möglich. Daneben bietet das entwickelte Reifegradmodell auch Handlungsempfehlungen, mithilfe dessen die Unternehmen die Leistung des MPMs steigern können.

Zuletzt hat eine Überprüfung gezeigt, dass dieses Konzept weitestgehend die allgemeinen und inhaltlichen Anforderungen erfüllt und somit optimal für den Einsatz im Unternehmen geeignet ist.

Inhaltsverzeichnis

Abbildungsverzeichnis

Tabellenverzeichnis

Abkürzungsverzeichnis

CMMI	Capability Maturity Model Integration
GPM	Gesellschaft für Projektmanagement
MPM	Multiprojektmanagement
PM	Projektmanagement
PMI	Project Management Institute of America
PMO	Project Management Office
PMMM	Project Management Maturity Model
SEI	Software-Engineering Institute
QMMG	Quality Management Maturity Grid

1 Problemstellung und Zielsetzung

1.1 Problemstellung

Die zunehmende Komplexität der Wirtschaft und der steigende Wettbewerb stellt Unternehmen vor große Herausforderungen.[1] Infolgedessen ist die Relevanz einer erfolgreichen Umsetzung von Projekten weiter angestiegen, wobei sich aus dem Management mehrerer Projekte zusätzliche Probleme, unter anderem durch Interdependenzen der Projekte, ergeben.[2] Umso wichtiger ist es, dass eine erfolgreiche Projektumgebung geschaffen wird, insbesondere zur Meisterung von Mehrprojektsituationen.[3] Um diesen Anforderungen gewachsen zu sein, muss ein erfolgreiches Multiprojektmanagement im Unternehmen betrieben werden.[4] Jedoch stellt die Einführung eines MPMs ein komplexes Vorhaben dar und zudem ist es notwendig, dass MPM kontinuierlich weiterzuentwickeln.[5] Aufgrund des komplizierten Aufbaus lässt sich die Effizienz des MPM nur schwer beurteilen und die direkte Etablierung bei vollständiger Funktionsfähigkeit gelingt selten.[6] Infolgedessen ist es auch für Unternehmen, die bereits ein MPM im Unternehmen eingeführt haben, von besonderer Bedeutung, Möglichkeiten zur **Verbesserung** der **Projektarbeit** zu finden und auf diesem Weg ein effizienteres MPM zu betreiben.[7]

Ein Instrument zur Messung kann ein **Reifegradmodell** darstellen. Dieses kann helfen, organisationsweit ein erfolgreiches MPM einzuführen und Möglichkeiten zur Verbesserung der Ist-Situation darzulegen.[8] Dabei liegt der Nutzen des Reifegradmodells darin, den Entwicklungsprozess und bestmögliche Maßnahmen zur Erreichung der Reife aufzuzeigen.[9] Mithilfe dessen

---

[1] Vgl. Balzer, H. (1998): S. 32, Gollner, J. A./ Baumane-Vītoliņa, I. (2016): S. 498, Streng, M./ Fürst, A. (2006): S. 1, Hirzel, M. (2019): S. 222, Schelle, H./ Linssen, O. (2018): S. 24, Project Management Institute (2013): Kap. 1.2, Putri, S. M. et al. (2019): S. 1, Rank, A.-K. (2022): S. 66, Schmiedinger, C. (2023): S. 1und Wessing, S./ Müller, E. (2022): S. 410.

[2] Vgl. Hüsselmann, C./ Erne, R./ Langhardt, S. (2022): S. 3, Jonen, A. (2018): S. 30, Kwasniok, S. (2007): S. 18, **Seidl, J. (2019): S. 24**, Schönert, S. (2022): S. 16.

[3] Vgl. Bea, F. X./ Scheurer, S./ Hesselmann, S. (2020): S. 446, Gemünden, H. G./ Klock, A. (2022): S. 150 und Weilacher, S. (2004): S. 1.

[4] Vgl. Gust, S. (2022): S. 13, Schönert, S. (2022): S. 16 und Schönert, S. (2023): S. 19.

[5] Vgl. Seidl, J. (2011): S. 185, Schönert, S. (2023): S. 21 und Scheurer, S. (2022): S. 2.

[6] **Vgl. Bea, F. X./ Scheurer, S./ Hesselmann, S. (2020): 522, 637 und Seidl, J. (2011): S. 14.**

[7] **Vgl. Albrecht, J.-C. (2014): S. 1, Schönert, S. (2023): S. 19 und Seidl, J. (2011): S. 14.**

[8] Vgl. Alghail, A. et al. (2022): S. 1207, Winter, R./ Mettler, T. (2015): S. 165, Weilacher, S. (2004): S. 4, Seidl, J. (2011): S. 186 und Schönert, S. (2023): S. 19.

[9] Vgl. Berghaus, S./ Back, A. (2016): S. 99, Becker, J./ Knackstedt, R./ Pöppelbuß, J. (2009c): S. 250, Blondiau, A./ Mettler, T./ Winter, R. (2013): S. 26, Kazanjian, R. K./ Drazin, R. (1989): S. 1489 und Winter, R./ Mettler, T. (2015): S. 164.

kann die Qualität der Projektarbeit bewertet und Möglichkeiten zur Verbesserung angegeben werden.[10] Die Relevanz eines Reifegradmodells für das MPM ergibt sich daraus, dass im Bereich des MPMs eine Zwangsreihenfolge besteht. D. h., dass Aufgaben nicht beliebig, sondern in einer bestimmten Abfolge erfüllt werden müssen. Dabei hilft das Modell durch die vorgegebene Schrittreihenfolge.[11] Das MPM ist dabei nicht nur vom aktuellen Zustand abhängig, sondern auch von den bis dahin erreichten Zuständen. Eine bestimmte Stufe kann erst dann erreicht werden, wenn die vorherige Stufe umgesetzt wurde. Daher ist eine Einordnung in einen Reifegrad erforderlich, um das MPM zielgerichtet umzusetzen und weiterzuentwickeln.[12]

Damit kann ein Reifegradmodell für das MPM Hinweise auf notwendige Entwicklungsschritte geben.[13] In der **Literatur** ist ein solches spezifisches Reifegradmodell bisher **nicht entwickelt** worden.[14] Es bestehen zwar Reifegradmodelle für das PM.[15] Hier besteht hinsichtlich der Auswahl des geeigneten Modells jedoch bereits eine hohe Konfusion und Ambiguität.[16] Außerdem sind diese aufgrund der besonderen Anforderungen des MPMs nicht direkt übertragbar.[17]

1.2 Lösungsansatz und Gang der Untersuchung

Das Ziel dieser Arbeit ist es, ein Reifegradmodell für das MPM zu konzipieren. In diesem Zusammenhang werden zuerst die Entwicklung, die Aufgaben, die Herausforderungen und die Erfolgsfaktoren des MPMs erläutert (siehe Kapitel 2.1) sowie die Aufgaben und die Gliederung von Reifegradmodellen erklärt (siehe Kapitel 2.2). Ausgehend von den Herausforderungen und Erfolgsfaktoren des MPMs wird als Zweites ein Maßstab für die Anforderungen an die Reifegradmodelle gebildet (siehe Kapitel 3.1), es werden bestehende Reifegradmodelle ausgewählt (siehe Kapitel 3.2) und auf Grundlage der

---

[10]   Vgl. Albrecht, J.-C. (2014): S. 1, Linssen, O./ Rachmann, A. (2008): S. 134, Schönert, S. (2023): S. 19, Solle, C./ Schumann, F. (2019): S. 480 und Tappe, D. (2010): S. 1.

[11]   Vgl. Nolan, R. L. (1973): S. 400, Schröder, M. (2019): S. 271 und Wessing, S./ Müller, E. (2022): S. 411.

[12]   Vgl. Pennypacker, J. S./ Grant, K. P. (2003): S. 4 und Wendler, R. (2014): S. 26

[13]   Vgl. Albrecht, J.-C. (2014): S. 1, Knackstedt, R./ Pöppelbuß, J./ Becker, J. (2009): S. 535, Cooke-Davies, T. (2004): S. 1248 und Wendler, R. (2014): S. 26.

[14]   Vgl. Albrecht, J.-C. (2014): S. 41, Daniel, K. (2008): S. 112 und Seidl, J. (2011): S. 189.

[15]   Für den Bereich des IT-Management konstatieren Knackstedt, R./ Pöppelbuß, J./ Becker, J. (2009) „mehr als hundert verschiedene Reifegradmodelle" und damit eine gewisse Beliebigkeit der vorgeschlagenen Modelle. Siehe Knackstedt, R./ Pöppelbuß, J./ Becker, J. (2009): S. 536.

[16]   Vgl. Cooke-Davies, T. (2004): S. 1243.

[17]   Vgl. Ahlemann, F./ Schröder, C./ Teuteberg, F. (2005): S. 25, Kneuper, R. (2007): S. 1 und Project Management Institute (2013): Kap. 1.5.2.

Anforderungen bewertet (siehe Kapitel 3.3). Auf Basis dessen werden dann zur Erstellung des neuen Reifegradmodells im Rahmen einer empirischen Untersuchung (siehe Kapitel 3.3.5) Experteninterviews durchgeführt (siehe Kapitel 4.3) und darauffolgend abgeleitet von den Ergebnissen ein Reifegradmodell zur Ausgestaltung eines MPMs gebildet (siehe Kapitel 5). Schließlich werden die Ergebnisse dargestellt und ein Fazit wird gezogen (siehe Kapitel 6). Abbildung 1 zeigt den Gang der Untersuchung.

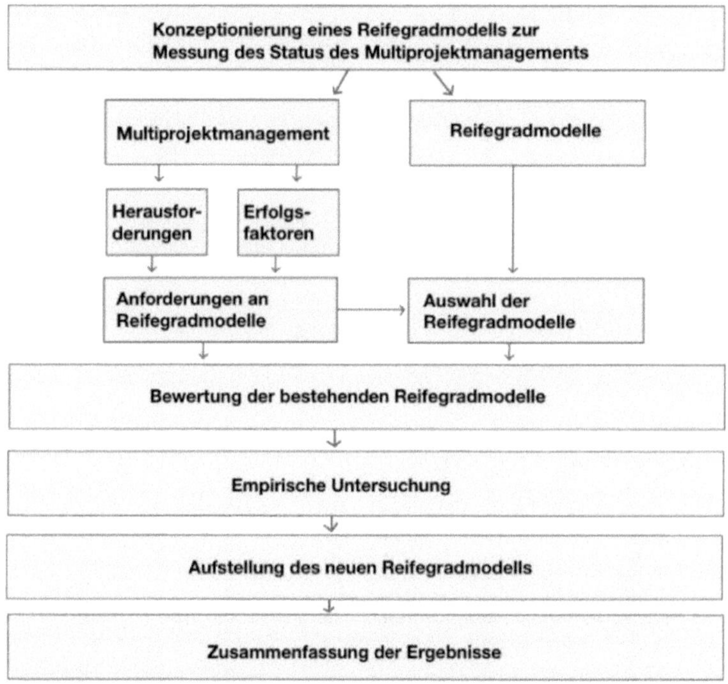

Abbildung 1: Gang der Untersuchung

2 Multiprojektmanagement und Reifegradmodelle

2.1 Multiprojektmanagement

2.1.1 Entwicklung des Multiprojektmanagements

Die Grundlagen des MPM entstanden in den 1960er Jahren aufgrund der Problematik der Ressourcenknappheit. Diese führte bereits damals zur Konkurrenz der Projekte im Unternehmen.[18] Daraus ergab sich die Folge, dass zwischen den Projekten **priorisiert** werden musste.[19]

In der Literatur ist eine einheitliche Definition für das MPM nicht zu finden.[20] Einigkeit besteht darin, dass das MPM auf die **übergreifende Planung, Steuerung** und **Kontrolle** von mehreren Projekten eines Portfolios ausgelegt ist.[21] Es wird durch eine hohe Organisation[22] und Koordinierung[23] gekennzeichnet. Daher sind bereits jetzt in vielen Unternehmen Project Management Office [PMO] zu finden.[24]

2.1.2 Ziele des Multiprojektmanagements

Hinsichtlich des MPMs sind verschiedene Ziele zu differenzieren.[25] Dazu zählen die Planung, Steuerung und Kontrolle der Projektlandschaft.[26] Diesbezüglich muss zwischen den Projekten priorisiert werden, um Ressourcen bestmöglich aufzuteilen.[27] Hauptziel ist somit die Generierung des **Projekterfolges** für das gesamte Projektportfolio. Dabei umfasst der Projekterfolg die

---

[18] Vgl. Gemünden, H. G./ Klock, A. (2022): S. 150, Kwasniok, S. (2007): S. 17 und Pritsker, A. A. B./ Watters, L. J./ Wolfe, P. M. (1969): S. 96.

[19] Vgl. Gemünden, H. G./ Klock, A. (2022): S. 150, Glaschak, S. A. (2006): S. 2, Kunz, C. (2007): S. 11, Kwasniok, S. (2007): 17 f. und Pritsker, A. A. B./ Watters, L. J./ Wolfe, P. M. (1969): 96, 107.

[20] Vgl. Schawel, C./ Billing, F. (2017): S. 223, Dechange, A./ Friedrich, B. (2013): S. 103, Harsch, M. (2018): S. 39, Kühn, F. (2006): S. 38, Lomnitz, G. (2008): S. 22 und Dillerup, R./ Stoi, R. (2016): S. 572.

[21] Vgl. Bea, F. X./ Scheurer, S./ Hesselmann, S. (2020): 373, 518, Hiller, Marc, C. (2002): S. 35, Kesten, R./ Müller, A./ Schröder, H. (2013): S. 81, Kraus, G./ Westermann, R. (2019): S. 167, Sterrer, C. (2014): S. 4 und Schulte-Zurhausen, M. (2014): S. 526.

[22] Vgl. Felchin, J. (2021): S. 6, Gassmann, O. (2006): S. 6 und Harsch, M. (2018): S. 5.

[23] Vgl Felchin, J. (2021): S. 7, Pinto, J. K./ Slevin, D. P. (2008): S. 167 und Pohl, P. (2007): 25 f.

[24] Vgl. Carrillo, Jose, V. et al. (2010): S. 1–6, Dammer, H. (2008): S. 16 Harsch, M. (2018): S. 40 und Seidl, J. (2011): S. 152.

[25] Vgl. Becker, W./ Kunz, C. (2008): S. 308 und Lomnitz, G. (2008): S. 31.

[26] Vgl. Bechtel, J. (2022): S. 64, Becker, W./ Kunz, C. (2008): S. 308, Wagner, R. (2012): S. 2, Kwasniok, S. (2007): 17 f., **Schulte-Zurhausen, M. (2014): S. 526.**

[27] Vgl. Becker, W./ Kunz, C. (2008): S. 308, Kock, A./ Globocnik, D./ Gemünden Hans Georg (2011): S. 23, Kesten, R./ Schröder, H. (2012): S. 14, Lomnitz, G. (2008): 31 f. und Wagner, R. (2015): S. 27.

Parameter Kosten, Qualität und Zeit.[28] Diese sind teilweise konträr, sodass die Wechselwirkungen beachtet werden sollten.[29] Folglich ist es das Ziel des MPM, die einzelnen Projekte mit dem größtmöglichen zu erzielenden Erfolg umzusetzen und **Transparenz** zu schaffen, um entscheidungsunterstützend zu wirken.[30]

2.1.3 Herausforderungen des Multiprojektmanagements

In der praktischen Umsetzung muss sich das MPM verschiedensten Herausforderungen stellen.[31] In Bezug auf das Projektmanagement [PM] liegt eine Herausforderung im **internationalen Wettbewerb** und dem damit einhergehenden Druck, wettbewerbsfähig zu bleiben.[32] Ferner stellt **Dynamik** in der Projektabwicklung und dem Umfeld ein Problem dar, weshalb das PM dauerhaft anpassungsfähig sein muss.[33] Auch wird die **Unternehmensumwelt** immer komplexer, womit weitere Herausforderungen einhergehen.[34] Dazu kommen die neuen und veränderten Kundenbedürfnisse, welche Einfluss auf die Projektabwicklung haben.[35]

In Abgrenzung zum PM kommt es beim MPM durch die Betrachtung der gesamten Projektlandschaft[36] zu Besonderheiten und weiteren zusätzlichen Hürden.[37] Dabei müssen zum einen die **Befugnisse** bestehen, um die übergreifenden Projektentscheidungen treffen zu dürfen.[38] Somit muss im Unternehmen dem MPM ein hoher Stellenwert zugeschrieben werden.[39] Zum anderen sind die steigende Komplexität und die **zunehmende Vernetzung** der

---

[28]   Vgl.Marinkovic, D./ Behrendt, K. (2016): S. 220 Braun, T. (2020): S. 51, Frefer, Abdulbaset, A. et al. (2018): S. 1, Giesche, S./ Rietz, S. (2010): S. 22, Hesseler, M. (2007): S. 96, und Wolenski, T. (2013): S. 50.

[29]   Vgl. Backerra, H./ Aden, R./ Drilling, C. (2022): S. 6, Braun, T. (2020): S. 51, Gehrmann, U./ Gläßer, T. (2023): S. 42, und Wagner, R. (2022): S. 25.

[30]   Vgl. Becker, W./ Kunz, C. (2008): S. 310, Kwasniok, S. (2007): 17 f., Lomnitz, G. (2008): S. 32.

[31]   Vgl. Lomnitz, G. (2008): S. 9, Gabriel, R. (2019): S. 346–348, Holtschke, B./ Heier, H./ Hummel, T. (2008): S. 66.

[32]   Vgl. Bracht, U./ Geckler, D./ Motschmann (2009): S. 19 und Wagner, R. (2015): S. 27.

[33]   Vgl. Bechtel, J. (2022): S. 62, Felchin, J. (2021): S. 1, Gassmann, O. (2006): S. 4, Preußig, J. (2020): S. 38, Schmiedinger, C. (2023): S. 2, Wagner, R. (2015): S. 27 und Wessing, S./ Müller, E. (2022): S. 410.

[34]   Vgl. Bracht, U./ Geckler, D. (2000): S. 1, Grundmann, R./ Hoffmann, L. (2015): S. 708, Schulte-Zurhausen, M. (2014): S. 523 und Wagner, R. (2015): S. 32.

[35]   Vgl. Liechti, M./ Bolender, A.-K./ Scherrer, R. (2022): S. 44, Lackinger, J./ Stix, G. (2013): S. 67, Schelle, H./ Linssen, O. (2018): S. 24 und Wagner, R. (2015): S. 31.

[36]   Vgl. Becker, W./ Kunz, C. (2008): S. 307, Kock, A./ Globocnik, D./ Gemünden Hans Georg (2011): S. 24 und Kwasniok, S. (2007): 17 f.

[37]   Vgl. Rietiker, S. et al. (2022): S. 23l, Kwasniok, S. (2007): 17 f. **und Wagner, R.** (2022): S. 31.

[38]   Vgl. Kaufmann, C. et al. (2021): 55 f. und Rietiker, S./ Scheurer, S./ Wald, A. (2013): S. 37.

[39]   Vgl. Wagner, R. (2022): S. 31.

Projekte herausfordernd.[40] Es müssen die Wechselbeziehungen im Projektportfolio betrachtet werden.[41] Diesbezüglich hat es zuletzt die Aufgabe für einen langfristigen Ausgleich sorgen und die Realisierung der Unternehmensziele gewährleisten.[42]

2.1.4 Erfolgsfaktoren des Multiprojektmanagements

Um nachfolgend Anforderungen an das Reifegradmodell aufstellen zu können, sind zunächst die Erfolgsfaktoren des MPMs zu betrachten. Unter Erfolgsfaktor ist ein unternehmensinterner oder -externer Faktor zu verstehen, der dazu führt, dass **zukünftige Erfolge generiert** werden.[43] Somit ist es für Unternehmen essenziell, diese Faktoren zu erkennen und im Unternehmen zu etablieren.[44]

Es besteht eine große Anzahl an Studien zu der Fragestellung, welche Faktoren Einfluss auf den Erfolg des MPMs haben.[45] Die **erste Studie** zu den Erfolgsfaktoren im **MPM** wurde **2005** von der TU Berlin durchgeführt.[46] Diese bildete die Basis für weitere regelmäßig von der TU Berlin durchgeführte Studien zum Projektmanagementerfolg.[47] Die aktuelle Studie ist die 9. MPM-Studie der TU aus dem Jahr 2020.[48]

Aus den Studien lassen sich die relevantesten Faktoren für den Erfolg des MPMs ableiten. Diesbezüglich wurden **zwölf Studien** ausgewertet.[49] Die am häufigsten identifizierten und folglich als besonders relevant anzusehenden Erfolgsfaktoren sind dabei die in Tabelle 1 aufgeführt.[50]

---

[40] Vgl. Rietiker, S. et al. (2022): S. 23, Kwasniok, S. (2007): S. 18 und Wagner, R. (2022): S. 31.

[41] Vgl. Becker, W./ Kunz, C. (2008): S. 307, Kock, A./ Globocnik, D./ Gemünden Hans Georg (2011): S. 24 und Gabriel, R. (2019): 349 f.

[42] Vgl. Adler, A./ Sedlaczek, R. (2005): S. 123, Bea, F. X. (2012): S. 643, Dechange, A. (2020): S. 390 und Gabriel, R. (2019): S. 349.

[43] Vgl. Krüger, W. (1993): S. 27, Raps, A. (2017): S. 3 und Spang, K./ Graf, P. (2014): S. 17.

[44] Vgl. Gemünden, H. G./ Dammer, H./ Jonas, D. (2015): S. 33, Link, J./ Weiser, C. (2014): S. 45–47 und Spang, K./ Graf, P. (2014): S. 17.

[45] Vgl. Dammer, H./ Gemünden, H. G. (2006): S. 1, Gemünden, H. G. et al. (2011): S. 3, Kopmann, J. et al. (2015): S. 31, Goeken, M./ Schopp, J. C. (2018): S. 51, Kaufmann, C. et al. (2021): S. 53–57, Komus, A./ Heupel, T./ Ietia, Y. (2016): S. 36, Meskendahl, S. et al. (2011): S. 20 und Missler-Behr, M. et al. (2007): S. 24.

[46] Vgl. Dammer, H./ Gemünden, H. G. (2006): S. 1.

[47] Vgl. Kopmann, J. et al. (2015): S. 31 und Meskendahl, S. et al. (2011): S. 20,

[48] Vgl. Kaufmann, C. et al. (2021): S. 52.

[49] Vgl. Anhang B: Kurzvorstellung Studien.

[50] Vgl. Anhang A: Ergebnisse Studien - Absolute Nennung der Erfolgsfaktoren.

#	Erfolgsfaktor	Häufig-keit
1	Rolle MPM-Leiter/Zuordnung Verantwortlichkeiten[51]	8
2	klar definierte Prozesse und Überprüfung Einhaltung[52]	8
3	klar definierte Strategie[53]	7
4	Anpassungsfähigkeit des Portfolios an Veränderungen[54] / CMP[55]	6
5	offene Kommunikation[56]	6
6	Unternehmenskultur (u.a. Innovations- und Risikokultur)[57]	5
7	Ressourcen- und Budgetaufteilung[58]	5
8	Einsatz spezifischer Software[59]	4
9	Mitarbeiterengagement & Teamwork[60]	3
10	Qualitätsmanagement[61]	2

Tabelle 1: Top-Erfolgsfaktoren vom Multiprojektmanagement

2.2 Reifegradmodelle
2.2.1 Grundsätzliches

Reifegradmodelle stellen seit den 1970er Jahren ein Instrument zur Konzeption und Messung der Reife eines spezifischen Betrachtungsfeldes von

---

[51] Vgl. Kaufmann, C. et al. (2021): 55 f., Rietiker, S./ Scheurer, S./ Wald, A. (2013): S. 37 und Wagner, R. (2015): S. 34.

[52] Vgl. Kopmann, J. et al. (2015): S. 34, Ottmann, R./ Schelle, H. (2008): S. 42, Kaufmann, C. et al. (2021): S. 58 und Missler-Behr, M. et al. (2007): S. 70.

[53] Vgl. Kopmann, J. et al. (2015): S. 34, Kaufmann, C. et al. (2021): S. 56 und Meskendahl, S. et al. (2011): S. 22.

[54] Vgl. Dammer, H./ Gemünden, H. G. (2006): S. 3: S. 3, Kopmann, J. et al. (2015): S. 33 und Kaufmann, C. et al. (2021): S. 53.

[55] **Vgl. Kaiser, F./ Weber, M. (2022): S. 26 und Sterrer, C. (2014): S. 131.**

[56] Vgl. Rietiker, S./ Scheurer, S./ Wald, A. (2013): S. 36.

[57] Vgl. Komus, A. (2015): S. 87, Kaufmann, C. et al. (2021): S. 56, Missler-Behr, M. et al. (2007): 46, 71 und Pohl, P. (2007): S. 29.

[58] Vgl. Kopmann, J. et al. (2015): S. 34, Kaufmann, C. et al. (2021): S. 56, Meskendahl, S. et al. (2011): S. 22 und Pohl, P. (2007): 30 f.

[59] Vgl. Meyer, M. M. (2020): S. 1, Missler-Behr, M. et al. (2007): S. 73 und Rietiker, S./ Scheurer, S./ Wald, A. (2013): S. 36.

[60] Vgl. Komus, A. (2015): S. 79, Engel, C./ Tamdjidi, A./ Quadejacob, N. (2008): S. 11, Missler-Behr, M. et al. (2007): 37, 77 und Wagner, R. (2015): S. 34.

[61] Vgl. Komus, A. (2015): 50, 116 und Kopmann, J. et al. (2015): S. 34.

Unternehmen dar.[62] In erster Linie besteht der Zweck von Reifegradmodelle darin, eine **Evaluation** des **Ist-Zustandes** des Betrachtungsfeldes zu ermöglichen, sodass der Status quo aufgezeigt wird. Neben der Bestimmung der eigenen Leistungsfähigkeit helfen diese auch beim Ableiten entsprechender Optimierungsmaßnahmen und dienen somit einer strukturierten, pfadabhängigen **weiteren Entwicklung** zum angestrebten Ziel-Zustand.[63] Der Begriff der ‚Reife' charakterisiert einen evolutionären Prozess ausgehend von einem initialen Zustand bis zum Endzustand.[64] Zudem definiert sich die Reife als ein Messwert, um das Potenzial einer Organisation zu evaluieren und beschreibt somit das Ausmaß der vorab definierten Anforderung in Bezug auf die Erreichung des Entwicklungsstandes.[65]

Die Nutzung von Reifegradmodellen bietet den Anwendern viele Vorteile.[66] Durch die Einordnung in einen Reifegrad kann der Status quo im Unternehmen ermittelt, das Bewusstsein für die aktuelle Situation geschärft und folglich die Selbsteinschätzung verbessert werden.[67] Ein weiterer Vorteil besteht darin, dass Reifegradmodelle neben der Implementierung von Prozessen und Abteilungen im Unternehmen auch einen zielgerichteten und systematischen **Verbesserungsprozess** aufzeigen.[68] Weiterhin können durch den stufenweisen Aufbau die Entwicklungsschritte und die dazu notwendigen Fähigkeiten abgeleitet werden.[69] Dadurch wird es dem Unternehmen ermöglicht, sich kontinuierlich zu verbessern.[70] Durch diesen Entwicklungspfad wird die Implementierung im Unternehmen erleichtert und die Kommunikation vereinfacht.[71] Ein weiterer Vorteil liegt darin, dass der Endzustand klar definiert

---

[62] Vgl. Wendler, R. (2014): S. 32, Weber, I./ Fischer, S./ Eireiner, C. (2020): S. 35, Mettler, T./ Rohner, P./ Winter, R. (2010): S. 334, Rader, D. (2019): S. 30, Mettler, T. (2010): S. 40.

[63] Vgl. Oliveira, M. A./ Lopes, I. (2019): S. 559, Mettler, T./ Rohner, P./ Winter, R. (2010): S. 334, Knackstedt, R./ Pöppelbuß, J./ Becker, J. (2009): S. 535, Ahn, H./ Klüver, P./ Novoa Vazquez, N. (2020): 20 f., Keimer, I. et al. (2017): S. 827.

[64] Vgl. Herget, J. (2020): S. 85, Becker, J./ Knackstedt, R./ Pöppelbuß, J. (2009c): 250 f., Mettler, T. (2010): S. 334.

[65] Vgl. Gronau, N. et al. (2010): S. 76.

[66] Vgl. Koß, R. (2016): S. 36 und Wendler, R. (2014): S. 34.

[67] Vgl. Weber, I./ Fischer, S./ Eireiner, C. (2020): S. 35, Berghaus, S./ Back, A. (2016): S. 99, Becker, J./ Knackstedt, R./ Pöppelbuß, J. (2009b): S. 20, Dombrowski, U./ Brinkop, M. (2011): S. 400, Schenk, B./ Schneider, C. (2019): S. 1 und Wendler, R. (2014): S. 34.

[68] Vgl. Berghaus, S./ Back, A. (2016): S. 99, Becker, J./ Knackstedt, R./ Pöppelbuß, J. (2009c): S. 250, Blondiau, A./ Mettler, T./ Winter, R. (2013): S. 26, Carrillo, Jose, V. et al. (2010): S. 4 und Wendler, R. (2014): S. 34.

[69] Vgl. Pöppelbuß, J./ Röglinger, M. (2011): S. 1, Raber, D. (2013): S. 3, Schröder, M. (2019): S. 35 und Wendler, R. (2014): S. 34.

[70] Vgl. Cooke-Davies, T. (2004): S. 1148 und Grande, M. (2014): S. 115.

[71] **Vgl. Berghaus, S./ Back, A. (2016): S. 99, Winter, R./ Mettler, T. (2015): S. 164 und Solle, C./ Schumann, F. (2019): S. 480.**

ist.[72] Zuletzt wird dadurch ein **Benchmarking** der eigenen Leistung ermöglicht.[73]

Im Vergleich dazu würde die Erstellung einer **Checkliste** zwar ein weniger aufwendiges Verfahren darstellen, jedoch würde dabei **vernachlässigt** werden, dass die Stufen und Schritte aufeinander aufbauen und die Zustände in einer bestimmten **Reihenfolge** erreicht werden müssen.[74] Checklisten können zwar genauso wie Reifegradmodelle zur Aufbereitung und Kommunikation von Ergebnissen verwendet werden.[75] Ein Reifegradmodell ist jedoch umfassender, da es nicht nur ein „Abhaken" ist und über eine bloße Auflistung[76] der relevanten Punkte hinaus geht. Das Reifegradmodell beschreibt nicht nur den Zustand, sondern gibt auch konkrete Handlungsempfehlungen zur Verbesserung an.[77] Somit können Reifegradmodelle nicht nur zur Leistungsbewertung wie bei Checklisten, sondern auch zur Leistungssteigerung verwendet werden.[78] Jedoch kann eine Checkliste zur Identifikation von Stärken und Schwächen[79] ein Instrument zur Reifegradeinordnung darstellen.[80]

Die Stufen des Reifegradmodells beschreiben einen **idealen Entwicklungspfad** vom Anfangsstadium bis zur gänzlichen Reife und besitzen eine entsprechende Bezeichnung zum Ausdruck des Perfektionsgrads. Die erste Stufe wird als **Eingangsstufe** charakterisiert, die am Anfang eines Lern- und Entwicklungsprozesses steht. Durch den zunehmenden Kompetenzerwerb und einer Weiterentwicklung sowie Verfeinerung der genutzten Instrumente, Methoden und Systeme werden fortgeschrittene Wachstumsebenen erreicht. In der letzten Stufe sind die Systeme ausgereift und das Unternehmen befindet sich nach dem Wissensstand des Modells im höchsten Maturitätsgrad, sodass diese Stufe oft als Phase der **Exzellenz** definiert wird.

---

[72] Vgl. Cooke-Davies, T. (2004): S. 1248.

[73] Vgl. Schieder, C./ Blaser, F. (2017): S. 50, Dinter, B. (2011): S. 91, Frehe, V./ Stiel, F./ Teuteberg, F. (2013): S. 882, Pennypacker, J. S./ Grant, K. P. (2003): S. 5, Jugdev, K./ Thomas, J. (2002): S. 6 und Schenk, B./ Schneider, C. (2019): S. 1.

[74] Vgl. Nolan, R. L. (1973): S. 400, Schröder, M. (2019): S. 271 und Wessing, S./ Müller, E. (2022): S. 411.

[75] Vgl. Jording, T. (2018): S. 40 und Schröder, M. (2019): S. 211.

[76] Vgl. Schröder, M. (2019): S. 271.

[77] Vgl. Bruin, T. de et al. (2005): S. 9 und Wolf, V. (2021): S. 29.

[78] Vgl. Christiansen, S.-K./ Gausemeier, J. (2010): S. 344, Knospe, O. et al. (2018): S. 84 und Wolf, V. (2021): S. 29.

[79] Vgl. Eggert, S./ Aksünger, F. (2018): S. 54, Kübel, M. (2013): S. 61 und Schröder, M. (2019): S. 83.

[80] Vgl. Bensiek, T. (2013): S. 21, Hecht, S. (2014): S. 134 und Müller, K.-R. (2015): S. 525–527.

2.2.2 Entwicklung von Reifegradmodellen

Ursprünglich stammt der Begriff der Reife aus der Biologie.[81] Dabei wird etwa der Prozess zur Erlernung des Gehens als Reifeprozess bis zur höchsten Stufe, der vollständigen Entwicklung der Gehfähigkeit, gesehen.[82] Durch die Reife wird ein **Prozess**, ausgehend vom Anfangszustand bis hin zum definierten Endzustand, beschrieben.[83] Durch ihn werden Anforderungen und Fähigkeiten zur Erreichung des Endzustandes definiert und dadurch der jeweilige Entwicklungszustand beschrieben.[84] Dabei versteht man unter dem Reifegradmodell, dass dieses bestimmte **Fähigkeiten** zur Erfüllung der Anforderungen **misst**, mit dem Ziel, den Endzustand zu erreichen.[85]

Das **erste** aus aufeinander aufbauenden Reifegradstufen bestehende **betriebswirtschaftliche** Reifegradmodell wurde von Crosby, P. B. (1979) veröffentlicht.[86] Ziel des Modells war es, in den Bereichen des **Qualitätsmanagements** und der Qualitätskontrolle eine kontinuierliche Verbesserung zu etablieren sowie die geforderte Produktqualität zu gewährleisten. Das Modell „Quality Management Maturity Grid" [QMMG] umfasst fünf Reifegrade[87] mit den Bezeichnungen „Unsicherheit", „Erwachen", „Erkenntnis", „Verständnis" und „Sicherheit". Daneben besitzt das Modell sechs Managementkategorien, welche die Reife des Qualitätsmanagements von Unternehmen durchlaufen und somit als Handlungselemente dienen. Sowohl die Reifegradstufen als auch die Bewertungsaspekte werden in einer Matrix zusammengefasst, in welcher die Anforderungen mit den einzelnen Stufen verbunden werden.[88] Die Bewertung des Unternehmens erfolgt mithilfe von Punkten von eins bis fünf für jede Stufe und Kategorie. Das Minimum der Gesamtpunktzahl liegt bei sechs und das Maximum bei dreißig Punkten.

---

[81] Vgl. Kruse, A./ Lehr, U. (1999): S. 187 und Wendler, R. (2014): S. 33.

[82] Vgl. Oliveira, M. A./ Lopes, I. (2019): S. 559 und Wendler, R. (2014): S. 32.

[83] Vgl. Altuntas, M./ Uhl, P. (2016): S. 127, Becker, J./ Knackstedt, R./ Pöppelbuß, J. (2009b): S. 1, Gilkerson, N. D./ Swenson, R./ Likely, F. (2019): S. 249, Marx, F./ Wortmann, F./ Mayer, J. H. (2012): S. 190 und Schröder, M. (2019): S. 36.

[84] Vgl. Becker, J./ Knackstedt, R./ Pöppelbuß, J. (2009c): S. 249, **Kruse, A./ Lehr, U. (1999)**: **S. 187, Kübel, M. (2013)**: **S. 60, Mettler, T./ Rohner, P./ Winter, R. (2010)**: **S. 333 und Wendler, R. (2014): S. 33.**

[85] Vgl. Bensiek, T. (2013): S. 16, Kamprath, N. (2011): S. 94, Schröder, M. (2019): S. 36, Wendler, R. (2014): S. 33 und Wessing, S./ Müller, E. (2022): S. 411.

[86] Vgl. Altuntas, M./ Uhl, P. (2016): S. 128, Schieder, C./ Blaser, F. (2017): S. 50, Crosby, P. B. (1979): S. 32, Oliveira, M. A./ Lopes, I. (2019): S. 561, Wendler, R. (2014): S. 32, Crosby, P. B. (2000): 59 f., Boughzala, I./ Vreede, G.-J. de (2015): 132 f., Vaz, C. R./ Selig, P. M./ Viegas, C. V. (2019): S. 211 und Gronau, N. et al. (2010): S. 75.

[87] Vgl. Cooke-Davies, T. (2004): S. 1235.

[88] Vgl. Crosby, P. B. (2000): S. 59 und Schwarz, C./ Schmitt, M. (2017): S. 509.

Die **Anfänge** der Reifegradbetrachtungen von Projektorganisationen[89] sind durch die Arbeit „Stage of Improvement" von Deming, E. W. (1982)[90] und den von Shewhart, W. A. (1980) (Erstveröffentlichung: 1931) entwickelten „Plan-Do-Check-Act" Zyklus[91] in den **1930er** Jahren zu finden.[92] Sie sind damit auch im Qualitätsmanagement zu verorten.[93] Die dadurch gewonnenen Erkenntnisse und Denkweisen finden noch heute in den bestehenden Reifegradmodellen zum PM Eingang.[94]

Cooke-Davies, T. (2004) zählte bereits vor 20 Jahren **30 unterschiedliche Modelle** zur Messung der Reife des Projektmanagements. Immer wieder wird auch hervorgehoben, wie diese Modelle dazu befähigen, die den Reifegrad zu steigern und damit der Organisation entsprechende Vorteile zu verschaffen.[95]

2.2.3 Gliederung von Reifegradmodellen

Reifegradmodelle bestehen aus den drei Hauptelementen Reifegradstufen, Dimensionen und Indikatoren.[96] In Bezug darauf stellen die **Reifegrade** Entwicklungsstufen vom Anfangsstadium bis hin zur vollständigen Reife dar.[97] Beginnend mit der Eingangsstufe können weitere Reifegrade durch Erfüllung der Eigenschaften und Methoden erreicht werden.[98] Der höchste Reifegrad, somit der exzellente Zustand, wird durch Umsetzung aller Anforderungen erzielt.[99] In der Literatur verwenden die meisten Reifegradmodelle im Durchschnitt fünf Reifegrade.[100]

---

[89] Vgl. Chrissis, M. B./ Konrad, M./ Shrum, S. (2011): 4 f. und Wagner, R. (2010): S. 26.

[90] Vgl. Brüggemann, H./ Bremer, P. (2015): S. 8, Chrissis, M. B./ Konrad, M./ Shrum, S. (2011): S. 9, Ertl-Wagner, B./ Steinbrucker, S./ Wagner, B. C. (2013): 6 f. und Wendler, R. (2014): S. 32.

[91] Vgl. Brüggemann, H./ Bremer, P. (2015): S. 12–13, Montgomery, D. C. (2009): S. 21, Chrissis, M. B./ Konrad, M./ Shrum, S. (2011): S. 9, Ertl-Wagner, B./ Steinbrucker, S./ Wagner, B. C. (2013): 3 f. und Wendler, R. (2014): S. 32.

[92] Vgl. Shewhart, W. A. (1980): 3 ff. und Deming, E. W. (1982): S. 88.

[93] Vgl. Cooke-Davies, T. (2004): S. 1236.

[94] **Vgl. Albrecht, J.-C. (2014): S. 41 und Daniel, K. (2008): S. 112.**

[95] Vgl. Cooke-Davies, T. (2004): S. 1234.

[96] Vgl. Kübel, M. (2013): S. 58, Mettler, T./ Rohner, P./ Winter, R. (2010): S. 334 und Santos, R. C./ Martinho, J. L. (2020): S. 1026.

[97] Vgl. Becker, J. et al. (2010): S. 4, Kübel, M. (2013): S. 59, Marx, F./ Wortmann, F./ Mayer, J. H. (2012): S. 190 und Wendler, R. (2014): S. 35.

[98] **Vgl. Bensiek, T. (2013): S. 23, Christiansen, S.-K./ Gausemeier, J. (2010): S. 345 und Wendler, R. (2014): S. 34.**

[99] Vgl. Christiansen, S.-K./ Gausemeier, J. (2010): S. 345 und Wendler, R. (2014): S. 34.

[100] Vgl. Becker, J. et al. (2010): S. 2, Kamprath, N. (2011): S. 94, Lahrmann, G. et al. (2010): S. 9 und Marx, F./ Wortmann, F./ Mayer, J. H. (2012): S. 195.

Der Bestandteil **Dimension** beschreibt die verschiedenen Merkmale der betrachteten Objekte.[101] Dadurch kann eine Untergliederung des Untersuchungsbereiches erreicht werden.[102] Dabei umfassen die Dimensionen häufig Prozesse oder ähnliche Gestaltungsbereiche.[103]

Schließlich stellt das dritte Hauptelement **Indikator** die Merkmalsausprägung dar.[104] Die Reifemessung kann dabei in einfachster Form durch eine Ja/Nein-Skala geschehen.[105] Der sich dadurch ergebende Interpretationsspielraum kann durch die Verwendung einer abgestuften Skala verringert werden.[106] Dabei umfassen verbale Elemente lediglich einzelne Adjektive und im Unterschied dazu enthalten narrative Elemente[107] ganze Sätze.[108]

2.2.4 Vorgehensweise zur Entwicklung von Reifegradmodellen

In der Literatur sind verschiedene Vorgehensmodelle zur Entwicklung von Reifegradmodellen zu finden.[109] Dabei haben sich zwei verschiedene Wege zur Reifegradmodellierung etabliert.[110] Die eine Vorgehensweise wird von Becker, J./ Knackstedt, R./ Pöppelbuß, J. (2009a) beschrieben, die zweite von Bruin, T. de et al. (2005). Von Bedeutung ist dabei, dass für das Reifegradmodell mehrere Gestaltungsoptionen definiert werden müssen.[111] Zum einen muss die **Anzahl** der **Reifegradstufen** und deren Bezeichnung festgelegt werden. In diesem Zusammenhang sollte auch die **Beziehung** der **Stufen zueinander** bestimmt werden.[112] Dabei können die Schritte parallel oder

---

[101] Vgl. Bruin, T. de et al. (2005): S. 5, Kübel, M. (2013): S. 59 und Marx, F./ Wortmann, F./ Mayer, J. H. (2012): S. 190.

[102] Vgl. Asdecker, B./ Felch, V. (2018): S. 841, Gilkerson, N. D./ Swenson, R./ Likely, F. (2019): S. 251 und Marx, F./ Wortmann, F./ Mayer, J. H. (2012): S. 190.

[103] Vgl. Kübel, M. (2013): S. 59 und Marx, F./ Wortmann, F./ Mayer, J. H. (2012): S. 190.

[104] Vgl. Jording, T. (2018): S. 40 und Kübel, M. (2013): S. 59.

[105] Vgl. Becker, J./ Knackstedt, R./ Pöppelbuß, J. (2009c): S. 249, Jording, T. (2018): S. 40 und Kübel, M. (2013): S. 59.

[106] Vgl. Becker, J./ Knackstedt, R./ Pöppelbuß, J. (2009c): S. 250, Jording, T. (2018): S. 25 und Kübel, M. (2013): S. 60.

[107] Vgl. Kübel, M. (2013): S. 60 und Maier, A. M./ Moultrie, J./ Clarkson, P. J. (2012): S. 138–140.

[108] Vgl. Kübel, M. (2013): S. 60, Mettler, T. (2010): S. 44, Fraser, P./ Moultrie, J./ Gregory, M. (2002): S. 248 und Wolf, V. (2021): S. 19

[108] Vgl. Kulkarni, U. R./ St. Louis, R. (2003): S. 2544 und Wolf, V. (2021): S. 20.

[109] Vgl. Schröder, M. (2019): S. 154.

[110] Vgl. Altuntas, M./ Uhl, P. (2016): S. 129: S. 129, Meister, M./ Metternich, J./ Batz, S. (2017): S. 849, Hecht, S. (2014): S. 125, Solle, C./ Schumann, F. (2019): S. 483 und Stoffers, P./ Karla, J./ Kaufmann, J. (2022): S. 947.

[111] Vgl. Hecht, S. (2014): S. 126 und Limat, C. (2022): S. 62.

[112] Vgl. Bensiek, T. (2013): S. 23, Fraser, P./ Moultrie, J./ Gregory, M. (2002): S. 246, Marx, F./ Wortmann, F./ Mayer, J. H. (2012): S. 190 und Nolan, R. L. (1973): S. 400.

aufeinander aufbauend verlaufen.[113] Auch ist eine Beschreibung der **Fähig-keiten je Reifegrad** vonnöten.[114] Zum anderen müssen die **Dimensionen** geregelt werden.[115] Zuletzt müssen **Bewertungsparameter** und -instrumente festgelegt werden.[116]

In Bezug darauf wird nach **Becker, J./ Knackstedt, R./ Pöppelbuß, J. (2009a)** in acht Schritten vorgegangen, wie Abbildung 2 zeigt.[117] Beginnend mit der Erkennung und Definition der Problemrelevanz werden bestehende Reifegradmodelle verglichen.[118] Die Modellentwicklung erfolgt im Rahmen einer iterativen Methode.[119] Zuletzt wird eine Evaluation durchgeführt, um die Anwendbarkeit in der Praxis sicherzustellen.[120] Abhängig von dem Ergebnis der Evaluation wird das Modell entweder verworfen, weiterentwickelt oder im anfänglichen Zustand veröffentlicht.

Im Gegensatz dazu gehen **Bruin, T. de et al. (2005)** in nur sechs Schritten vor (vgl. Abbildung 2).[121] Nach Notwendigkeitserkennung wird ein Anwendungsbereich definiert und das Modell entworfen.[122] Dieses wird durch verschiedene Untersuchungen vervollständigt, nach Überprüfung der Anwendbarkeit veröffentlicht und im Laufe der Zeit an veränderte Bedingungen angepasst.[123]

---

[113]   Vgl. Becker, J. et al. (2010): S. 5 und Hecht, S. (2014): S. 127.

[114]   Vgl. Rossmann, A. (2016): S. 44.

[115]   Vgl. Kübel, M. (2013): S. 59, Bruin, T. de et al. (2005): S. 5 und Marx, F./ Wortmann, F./ Mayer, J. H. (2012): S. 190.

[116]   Vgl. Bruin, T. de et al. (2005): S. 5, Fraser, P./ Moultrie, J./ Gregory, M. (2002): S. 246, Stoffers, P./ Karla, J./ Kaufmann, J. (2022): S. 947 und Marx, F./ Wortmann, F./ Mayer, J. H. (2012): S. 190.

[117]   Vgl. Eymann, T. et al. (2023): S. 137, Hecht, S. (2014): S. 125 und Stoffers, P./ Karla, J./ Kaufmann, J. (2022): S. 947.

[118]   Vgl. Eymann, T. et al. (2023): S. 137 und Stoffers, P./ Karla, J./ Kaufmann, J. (2022): S. 947.

[119]   Vgl. Altuntas, M./ Uhl, P. (2016): S. 160, Meister, M./ Metternich, J./ Batz, S. (2017): S. 849 und Mettler, T. (2010): S. 132.

[120]   Vgl. Meister, M./ Metternich, J./ Batz, S. (2017): S. 849, Becker, J./ Knackstedt, R./ Pöppelbuß, J. (2009a): S. 213 und Hecht, S. (2014): S. 125.

[121]   Vgl. Meister, M./ Metternich, J./ Batz, S. (2017): S. 849, Becker, J. et al. (2010): S. 8, Bruin, T. de et al. (2005): S. 1–3 und Hecht, S. (2014): S. 125.

[122]   Vgl. Becker, J. et al. (2010): S. 8, Bruin, T. de et al. (2005): S. 1–3 und Limat, C. (2022): S. 63.

[123]   Vgl. Becker, J. et al. (2010): S. 8, Bruin, T. de et al. (2005): S. 1–4, Leyh, C./ Schäffer, T. (2016): S. 984–986.

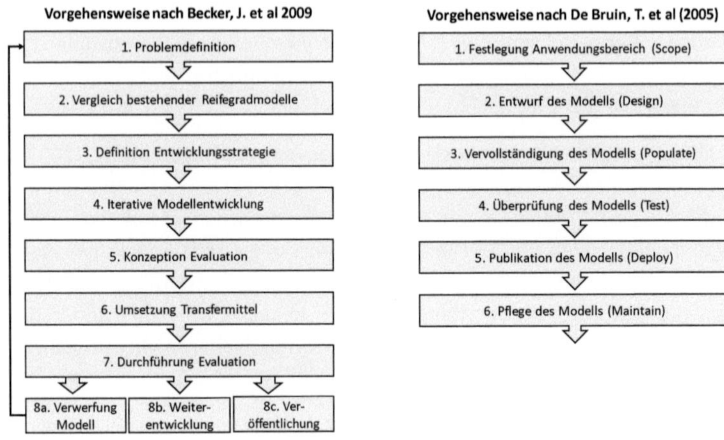

Abbildung 2: Vorgehensweise nach Becker, J./ Knackstedt, R./ Pöppelbuß, J. (2009c) und Bruin, T. de et al. (2005)[124]

Im Rahmen dieser Arbeit wird eine **Kombination** beider Vorgehensweisen vorgenommen. Diesbezüglich wird ein Ansatz verfolgt, bei dem bestehende Reifegradmodelle einen Orientierungsrahmen bieten, aber nicht grundlegend übernommen, sondern erweitert und verknüpft werden.[125]

Dabei wird in **neun Schritten** vorgegangen (vgl. Abbildung 3). Der Aufbau orientiert sich größtenteils an der Vorgehensweise nach Becker, J./ Knackstedt, R./ Pöppelbuß, J. (2009a), da diese detaillierter als die nach Bruin, T. de et al. (2005) ist. Allerdings bildet der erste Schritt eine Ausnahme, denn er wurde dem Modell Modell nach Bruin, T. de et al. (2005) entnommen, weil dieser den konkreten Anwendungsfall besser abdeckt. Zudem erfolgt in den eingeführten Schritten zwei und drei eine Anpassung an die Besonderheiten des MPMs, welche mit in das Reifegradmodell einfließen. Diese spiegeln sich in den Erfolgsfaktoren wider, aus denen Modellanforderungen abgeleitet werden, um einen hinreichenden Anwendungsbezug zum MPM sicherzustellen. Die Schritte drei bis sechs sind analog, nur weiter untergliedert im Vergleich zu Schritt zwei, „Entwurf des Modells," nach Bruin, T. de et al. (2005). In Bezug darauf werden analog zur Herangehensweise nach Bruin, T. de et al.

---

[124]   In Anlehnung an Becker, J./ Knackstedt, R./ Pöppelbuß, J. (2009c): S. 213 und Bruin, T. de et al. (2005): 1 f.

[125]   Vgl. Berghaus, S./ Back, A. (2016): S. 100, Jording, T. (2018): S. 12 und Leyh, C./ Schäffer, T. (2016): S. 985.

(2005) bestehende Reifegradmodelle analysiert. Zur Gewinnung von zusätzlichen Ergebnissen werden im fünften Schritt Experteninterviews geführt. Der Schritt vier „Überprüfung des Modells" findet sich in den Schritten sieben und acht wieder. Auf die in der Vorgehensweise von Bruin, T. de et al. (2005) erwähnten Pflege des Modells wird zunächst verzichtet, da der Fokus auf der Entwicklung des Reifegradmodells liegt und aufgrund der dadurch gegebenen Aktualität eine Pflege zunächst bisher nicht notwendig ist.[126]

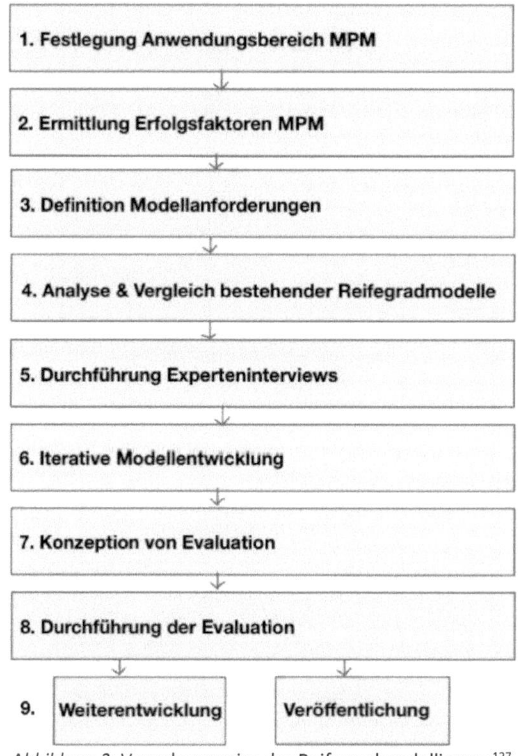

Abbildung 3: Vorgehensweise der Reifegradmodellierung[127]

---

[126] Vgl. Meister, M./ Metternich, J./ Batz, S. (2017): S. 848–850, Eichler, J. (2013): S. 117 und Waidelich, L. et al. (2019): S. 28.

[127] Eigene Darstellung in Anlehnung an Becker, J./ Knackstedt, R./ Pöppelbuß, J. (2009a): S. 213 und Bruin, T. de et al. (2005): 1 f.

3 Vorstellung ausgewählter Reifegradmodelle

3.1 Auswahl der Reifegradmodelle

3.1.1 Anforderungen an Reifegradmodelle

In Hinblick auf die Anforderungen ist zwischen **allgemeinen** Anforderungen und **inhaltlichen Anforderungen** zu differenzieren. Die Anforderungen ergeben sich zum einen aus dem Anwendungsbereich der Reifegradmodelle.[128] Zum anderen basieren diese auf den Herausforderungen und Erfolgsfaktoren des MPMs, um sicherzustellen, dass die Faktoren, welche essenziell für ein erfolgreiches MPM sind, auch im Unternehmen etabliert sind. Dazu werden die Anforderungen durch Kriterien definiert und erläutert.[129] Die gewählten Reifegradmodelle werden dann hinsichtlich der Erfüllung dieser analysiert.

Zunächst zu den **allgemeinen Anforderungen**, die jedes Reifegradmodell erfüllen muss.

Anforderungen	Merkmal	Erläuterung
Zielsetzung	Problem	Reifegradmodell sollte Stand des MOM und Verbesserungsmöglichkeiten als Ergebnis haben[130]
	Unabhängigkeit	Reifegradmodell sollte in jedem Unternehmen, unabhängig von Größe und Beschaffenheit, anwendbar sein[131]
	Gegenwärtigkeit	auf aktuelle Situation angepasst, regelmäßig evaluiert[132]
Aufbau	Systematik	Modell soll mindestens drei Stufen enthalten, Beziehungen sollten klar definiert sein[133]

---

[128] Vgl. Liebe, H.-D./ Jahn, F./ Buddrus, U. (2022): S. 54, Leyh, C./ Schäffer, T. (2016): S. 987 und Liebe, J.-D. et al. (2022): S. 170.

[129] Vgl. Becker, J./ Knackstedt, R./ Pöppelbuß, J. (2009b): S. 43, Liebe, H.-D./ Jahn, F./ Buddrus, U. (2022): S. 54 und Leyh, C./ Schäffer, T. (2016): S. 987.

[130] Vgl. Frehe, V./ Stiel, F./ Teuteberg, F. (2013): S. 881.

[131] Vgl. Liebe, H.-D./ Jahn, F./ Buddrus, U. (2022): S. 57.

[132] Vgl. Liebe, H.-D./ Jahn, F./ Buddrus, U. (2022): S. 56 und Liebe, J.-D. et al. (2022): S. 170.

[133] Vgl. Ahn, H./ Klüver, P./ Novoa Vazquez, N. (2020): S. 20, Bensiek, T. (2013): S. 31, Marx, F./ Wortmann, F./ Mayer, J. H. (2012): S. 190 und Mettler, T. (2010): S. 215.

Anforde-rungen	Merkmal	Erläuterung
	Bezeich-nung	Stufen sollten benannt und erläutert werden,[134] Unterscheidungskriterien sind einfach und verständlich
	Dimensio-nen	alle Prozesse und Bereiche des MPMs sollten betrachtet werden[135]
	Detaillie-rungs-grad[136]	angemessener Detaillierungsgrad
Verwen-dung	Anwen-derfreund-lichkeit	Anwendung nicht nur für Experten, sondern auch für unerfahrene Teammitglieder möglich, eindeutige Zuordnung möglich[137]
	Schnellig-keit	Anwendung und Einordnung in geringer Zeit möglich
	Verständ-lichkeit	Einordnung problemlos möglich[138]
	Dokumen-tation	Einzelschritte, Methoden und Beteiligte nachvollziehbar[139]
	Kosten / Nutzen	eingesetzte Ressourcen zur Ermittlung Reifegrad (Erfassungsaufwand) und Ableitung Maßnahmen sollte in angemessenem Verhältnis zum Nutzen stehen[140]

---

[134] Vgl. **Eggert, S./ Aksünger, F. (2018): 54 f.** und Kübel, M. (2013): S. 59.

[135] Vgl. Christiansen, S.-K./ Gausemeier, J. (2010): S. 346–347, Kübel, M. (2013): S. 59 und Hofer, P./ Perkhofer, L./ Mayr, A. (2020): S. 174.

[136] Folgende Einordnungszuordnung wurde verwendet: niedriger Detailierungsgrad ≤ 4, angemessen: 4-9, hoch ≥ 10.

[137] Vgl. u.a. Becker, W. et al. (2013): S. 43 und Liebe, J.-D. et al. (2022): S. 173.

[138] Vgl. Liebe, H.-D./ Jahn, F./ Buddrus, U. (2022): S. 56 und Liebe, J.-D. et al. (2022): S. 173.

[139] Vgl. Becker, J./ Knackstedt, R./ Pöppelbuß, J. (2009c): S. 252 und Becker, J./ Knackstedt, R./ Pöppelbuß, J. (2009b): S. 4.

[140] Vgl. Becker, W. et al. (2013): S. 43, Liebe, H.-D./ Jahn, F./ Buddrus, U. (2022): S. 55 und Liebe, J.-D. et al. (2022): S. 173.

Anforde-rungen	Merkmal	Erläuterung
	Messbar-keit	Ist-Zustand mit Modell genau messbar
Urteils-kraft	ganzheitli-cher Über-blick	Reifegradmodell gibt Überblick über sämtliche Bestandteile des MPM[141]
	Selbstein-schät-zung[142]	Checklisten, Fragebögen usw. erlauben eine eindeutige Zuordnung[143]
	Vergleich-barkeit	Benchmark mit anderen Unternehmen und Bereichen möglich[144]
	Informati-onsquali-tät	Informationen über abzuleitende Maßnahmen sind aussagekräftig und richtig[145]
	Empfeh-lungscha-rakter	klare Handlungsempfehlungen am Ende des Prozesses[146]

Tabelle 2: Allgemeine Anforderungen

Weiterhin ergeben sich abgeleitet aus den Herausforderungen und Erfolgs-faktoren des MPMs **inhaltliche Anforderungen** an das Reifegradmodell. Die Erfüllung der Kriterien ist zwingend erforderlich, um ein erfolgreiches MPM zu konzipieren. Folglich stellen die inhaltlichen Voraussetzungen Ausschluss-kriterien dar.[147]

---

[141] Vgl. Rossmann, A. (2016): S. 44 und Wolf, V. (2021): S. 29.

[142] Trotz der partiellen Überscheindung der Kategorien Selbsteinschätzung und Verständlichkeit (wenn Selbsteinschätzung einfach ist, trägt dies auch zur Verständlichkeit bei) werden die beiden Einzelkategorien aufrechterhalten, da Verständlichkeit deutlich breiter aufgestellt ist und beispielsweise auch die Klarheit der abgeleiteten Maßnahmen umfasst.

[143] Vgl. Liebe, H.-D./ Jahn, F./ Buddrus, U. (2022): S. 55, Hecht, S. (2014): S. 132 und Rossmann, A. (2016).

[144] Vgl. Liebe, J.-D. et al. (2022): S. 170, Rossmann, A. (2016): S. 42 und Wolf, V. (2021): S. 29.

[145] Vgl. Knackstedt, R./ Pöppelbuß, J./ Becker, J. (2009): S. 538.

[146] Vgl. Becker, J./ Knackstedt, R./ Pöppelbuß, J. (2009c): S. 255, Liebe, J.-D. et al. (2022): S. 170 und Specht, D./ Höltz, N./ Hahn, A. (2014): S. 810.

[147] Vgl. Liebe, H.-D./ Jahn, F./ Buddrus, U. (2022): S. 55.

Anforde-rung	Merkmal	Erläuterung
Strategie	klare Definition	klare Unternehmensstrategie, definiert und kommuniziert, Unterziele abgeleitet[148]
	Ableitung Budget	Verteilung Ressourcen orientiert sich an strategischer Ausrichtung[149]
Ziele	langfristiger Ausgleich	langfristiger Ausgleich zwischen Projekten erfolgt, d. h. es werden keine Projekte unberechtigt bevorzugt[150]
	Koordination	Abhängigkeiten zwischen Projekten beachtet und Projekte übergeordnet koordiniert[151]
	Ressourcenaufteilung	Priorisierung von Projekten und entsprechende Ressourcenverteilung[152]
Organisation	Institutionalisierung	im aufgebauten MPM existiert ein PMO
	MPM-Leiter	MPM-Leiter besteht, der übergeordnete Entscheidungen zu Projekt-Portfolio trifft[153]
	Zuordnung Verantwortlichkeiten	Verantwortlichkeiten im Rahmen des MPM sind klar zugeordnet, umfassende Beschreibungen der Aufgaben und (Weisungs-)Befugnisse

---

[148] Vgl. Kaufmann, C. et al. (2021): S. 52 und Pohl, P. (2007): S. 25.

[149] Vgl. Felchin, J. (2021): S. 7, Kock, A./ Heising, W./ Gemünden, H. G. (2015): S. 539 und Pinto, J. K./ Slevin, D. P. (2008): S. 167.

[150] Vgl. Adler, A./ Sedlaczek, R. (2005): S. 123, Bea, F. X. (2012): S. 643, Dechange, A. (2020): S. 390.

[151] Vgl. Felchin, J. (2021): S. 7, Pinto, J. K./ Slevin, D. P. (2008): S. 167 und Pohl, P. (2007): S. 24.

[152] Vgl. Bacharach, G./ Ribbert, G./ Techt, U. (2019): S. 324, Felchin, J. (2021): S. 7 und Lomnitz, G. (2008): S. 32.

[153] Vgl. Kaufmann, C. et al. (2021): S. 55, Pohl, P. (2007): S. 27 und Rietiker, S./ Scheurer, S./ Wald, A. (2013): S. 37.

Anforde-rung	Merkmal	Erläuterung
	Mitarbei-terengage-ment	Maßnahmen zur Mitarbeitermotivation und damit Motivationsanreize bestehen im MPM[154]
	Teamwork	Zusammenarbeit im Team[155]
	Kompe-tenzen	Mitarbeiter verfügen über fachliche Kompetenzen im Bereich MPM, Umsetzung Weiterbildungsmaßnahmen[156]
Umwelt-bedingun-gen	Anpas-sungsfä-higkeit	Modell sollte auf Umweltveränderungen anpassbar sein, Flexibilität durch ‚Change-Management Process' gewahrt[157]
	Kundenbe-dürfnisse	Veränderungen bei Kundenbedürfnissen werden gemonitort und gesteuert, gegebenenfalls wird Projekt-Portfolio angepasst[158]
Qualitäts-manage-ment	Informati-onsquali-tät	offene Kommunikation und Informationen sind transparent, Abstimmungsrunden[159]
	Prozess-qualität	Prozessqualität MPM wird überwacht[160]
Prozess	klare Defi-nition	MPM-Prozesse klar definiert, Portfolio-Zusammenstellung fester Bestandteil, Abbruchkriterium definiert[161]

---

[154] Vgl. Wagner, R. (2015): S. 34.

[155] Vgl. Komus, A. (2015): S. 79 und Engel, C./ Tamdjidi, A./ Quadejacob, N. (2008): S. 11.

[156] Vgl. Missler-Behr, M. et al. (2007): S. 70.

[157] Vgl. Dammer, H./ Gemünden, H. G. (2006): S. 3, Kopmann, J. et al. (2015): S. 33 und Kaufmann, C. et al. (2021): S. 53.

[158] Vgl. Wagner, R. (2015): S. 32.

[159] Vgl. Rietiker, S./ Scheurer, S./ Wald, A. (2013): S. 36.

[160] Vgl. Kopmann, J. et al. (2015): S. 33–36.

[161] Vgl. Kopmann, J. et al. (2015): S. 34, Kaufmann, C. et al. (2021): S. 58 und Missler-Behr, M. et al. (2007): S. 70.

Anforde-rung	Merkmal	Erläuterung
	Überprü-fung Ein-haltung	Mechanismen implementiert, die Einhaltung Prozesse sicherstellen
Unterneh-menskul-tur	Innovati-onskultur	Innovationen werden gefördert, Innovations-kultur ist Bestandteil des MPM[162]
	Risikokul-tur[163]	Beschreibung Risikomanagement auf Portfo-lioebene[164]
	Fehlerkul-tur	Vorgaben zum Umgang mit Fehlern existieren
Instru-mente	Einsatz spezifi-scher Soft-ware	Einsatz IT-Instrumente zur Steuerung des MPM[165]
	Vergleich-barkeit Projekte	Instrumente und Kriterien zur Vergleichbar-keit der Projekte existieren

Tabelle 3: Inhaltliche Anforderungen

Die Anforderungen werden als **gleich gewichtet** angesehen. Dies wird damit begründet, dass durch eine Gewichtung nur eine Scheingenauigkeit entstehen würde. Auch wäre die Genauigkeit nicht zwingend verwertbar und das Ergebnis würde nur zu minimalen Unterschieden führen.[166] Für eine Gleichgewichtung spricht zudem, dass bei bereits bestehenden Reifegradentwicklungen auch die Anforderung als gleich relevant angesehen wird[167] und dieses folglich als etabliertes Vorgehen anzusehen ist.

---

[162] Vgl. Missler-Behr, M. et al. (2007): 46, 71 und Pohl, P. (2007): S. 29.

[163] Vgl. Jonen, A. (2008): S. 142.

[164] Vgl. Komus, A. (2015): S. 87, Kaufmann, C. et al. (2021): S. 56 und Pohl, P. (2007): S. 29.

[165] Vgl. Meyer, M. M. (2020): S. 1, Missler-Behr, M. et al. (2007): S. 73 und Rietiker, S./ Scheurer, S./ Wald, A. (2013): S. 36.

[166] Vgl. Jording, T. (2018): S. 176.

[167] Vgl. Becker, W. et al. (2013): S. 41–44, Jording, T. (2018): S. 176 und Wolf, V. (2021): S. 31.

3.1.2   Auswahlkriterien

Zunächst sollen bereits bestehende Reifegradmodelle, die in bestimmten Punkten eine Relevanz für das MPM besitzen, herangezogen werden. Diese sollen später Grundlage für die Reifegradmodellierung bilden. In Bezug darauf wurden bestehende Reifegradmodelle mit **hinreichender Relevanz** zum MPM gesucht. Die Suche erfolgte im April 2023 mithilfe der **Datenbank** der Online-Bibliothek der DHBW Mannheim.

Dazu wurde eine Literatursuche mit den **Suchparametern** „Reifegradmodell", „Maturity Model", „MPM", „Portfoliomanagement", „Projektmanagement" und Kombinationen dieser Suchbegriffe durchgeführt. Als **Selektionskriterium** wurde festgelegt, dass das Reifegradmodell Informationen zur methodischen Fundierung, der Vorgehensweise und der Konzeptionierung enthält. Die sich dadurch ergebenen 376 Ergebnisse wurden hinsichtlich der Relevanz untersucht und selektiert. Die Einschätzung der Relevanz der Publikationen erfolgt anhand des Titels und Abstracts.[168] Reifegradmodelle, die lediglich eine Erweiterung eines schon davor bestehenden Reifegradmodells darstellten, wurden herausgelassen, ebenso als Kopie qualifizierte Reifegradmodelle, die nur Änderungen in höchstens fünf Punkten zum ursprünglichen Modell aufwiesen. Aufgrund dieser Selektionen wurden insgesamt acht Reifegradmodelle als relevant identifiziert.[169] Wegen der Umfangslimitation der vorliegenden Arbeit wurden davon vier Reifegradmodelle gewählt. Die Auswahl geschah unter Berücksichtigung des **Bekanntheitsgrades** und der **Verfügbarkeit**. Der Bekanntheitsgrad wurde an der Häufigkeit gemessen, mit der die jeweiligen Modelle in der Literatur erwähnt wurden.[170] Die Verfügbarkeit ist darüber definiert, dass man Zugriff auf die Modelle/ Artikel hatte.

Die Eingrenzung auf **vier Reifegradmodellen** ist aufgrund der Literaturmeinung als ausreichend anzusehen. Aus der Literatur ergibt sich, dass die Berücksichtigung von vier bis zehn Fällen als hinreichend zur Gewährleistung der Repräsentativität der Ergebnisse anzusehen ist.[171] Da ein Reifegradmodell üblicherweise auf mehreren Anwendungsfällen basiert, kann diese Anzahl der einzubeziehenden Studien problemlos auch bei Reifegradmodelle verwendet werden. Auch in der Literatur entwickelte Reifegradmodelle beruhen auf nur einer geringen Anzahl von Modellen.[172]

---

[168]   Vgl. Berghaus, S./ Back, A. (2016): S. 101.
[169]   Für eine Übersicht siehe Anhang C: Übersicht Reifegradmodelle.
[170]   Vgl. Khoshgoftar, M./ Osman, O. (2009): S. 297.
[171]   Vgl. Eisenhardt, K. M. (1989): S. 545.
[172]   Vgl. Berghaus, S./ Back, A. (2016): S. 101, Hecht, S. (2014): S. 133, Jording, T. (2018): S. 176.

Ferner decken die vier ausgewählten Reifegradmodelle die Vielfalt der Reifegradmodellierung ab, da diese unterschiedliche Ausgestaltungen der Dimensionen, Reifegrade und Messmethoden aufweisen. Ein Einbezug weiterer Modelle ist folglich nicht nötig, da dadurch keine neuen Aspekte aufgezeigt werden würden, weil die wesentlichen Aspekte bereits in der ausgewählten Grundgesamtheit enthalten sind. Deswegen genügt die Auswahl, um ein umfassendes Ergebnis festzustellen.

Die **zeitliche Verteilung** zeigt, dass das erste relevante Reifegradmodell im Jahr 2000 entwickelt wurde[173] und darauf aufbauend in den Folgejahren weitere Modelle aufgestellt wurden.[174] Auffällig ist, dass der Großteil der Entwicklungen um die 2000er Jahre stattfand.[175] Die Ausnahme stellt dabei das mit dem Fokus auf der Analyse der Organisation liegende IPMA-Delta Reifegradmodell dar, welches 2015 entwickelt wurde.[176] Dieser Zusammenhang wird in Abbildung 4 dargestellt.

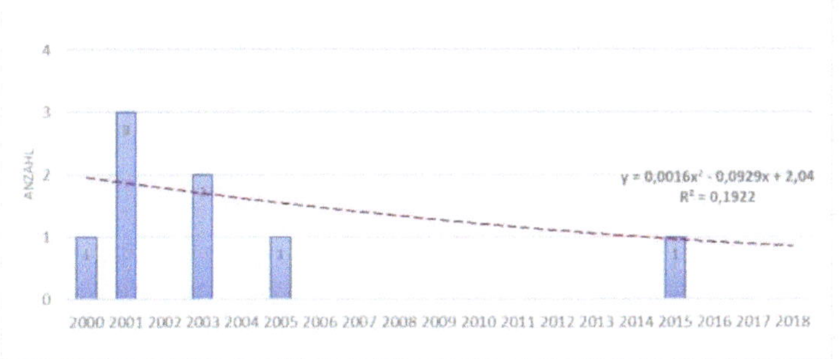

Abbildung 4: Anzahl der Reifegradmodelle im PM nach Jahren (mit polynomischer Trendlinie)

Obwohl die meisten Modelle bereits in den 2000er Jahren entstanden, sind sie noch immer relevant. Sie werden immer wieder herangezogen, um neue Reifegradmodelle für spezielle Probleme zu entwerfen. Somit haben die **primären Reifegradmodelle** einen **hohen Stellenwert** für die Entwicklung eines

---

[173]   Vgl. Kwak, Y. H./ William, C. (2000): S. 1.

[174]   Vgl. Anderson, D. J./ Bozheva, T. (2021): S. 491, Brookes, N. et al. (2014): S. 231, Hörmann, K./ Dittmann, L. (2006): S. 7–22, Frehe, V./ Stiel, F./ Teuteberg, F. (2013): S. 881.

[175]   Vgl. Albrecht, J.-C. (2014): S. 41, Daniel, K. (2008): S. 112, Kerzner, H. (2019): 42 f., Project Management Institute (2013): Appendix X1 und Wagner, K. W./ Dürr, W. (2008): S. 1.

[176]   Vgl. Angermeier, G. (2016): S. 1 und Bushuyev, Sergey, D./ Wagner, Reinhard, F. (2014): S. 302–310.

neuen Reifegradmodells und sind von besonderer Relevanz für den Aufstellungsprozess.

3.2 Grundgesamtheit

Im Folgenden werden die ausgewählten Reifegradmodelle **sortiert** nach dem **Jahr** der Veröffentlichung näher erläutert.

3.2.1 Reifegradmodell CMMI

Aufbauend auf dem zur Optimierung von Software-Entwicklungsprozessen vom Software-Engineering Institute [SEI][177] entwickelten CMM-Modell wurde 2001 das Capability Maturity Model Integration [CMMI] veröffentlicht. Die Zielsetzung dieses Modells besteht in der **Optimierung** von **Geschäftsprozessen**.[178]

Das CMMI nimmt eine Einteilung in vier Prozessgruppen vor: „Process Management, Project Management, Support und Engineering".[179] Den Prozessgruppen wird ein durch spezielle Ziele beschriebenes Prozessgebiet zugeordnet.[180] Das Modell besteht aus zwei Darstellungsformen, der Stufensichtweise und der kontinuierlichen Sichtweise.[181] Die Unterscheidung liegt in der Messung des Kompetenzniveaus, welches von Personen durchgeführt wird, die vom CMMI-Institut autorisiert wurden.[182] Die stufenweise Sichtweise zeichnet sich dabei durch die Ermittlung des Reifegrads der gesamten Organisation aus.[183] Dabei erfolgt eine Festlegung von Prozessgebieten, deren Ziele für einen bestimmten Reifegrad der Organisation erreicht werden müssen.[184] Dabei können **fünf Stufen** beginnend mit „Initial" über „Managed", „Defined", „Quantitatively Managed" hin zu „Optimizing" erreicht werden.[185]

---

[177]   Vgl. Kneuper, R. (2007): S. 1, CMMI Product Team (2006): S. 6 und Vrielink, N./ Humpert-Vrielink, F. (2022): S. 201.

[178]   Vgl. Ahlemann, F./ Schröder, C./ Teuteberg, F. (2005): S. 26, Anderson, D. J./ Bozheva, T. (2021): S. 491, Cooke-Davies, T. (2004): 1234 f., Frehe, V./ Stiel, F./ Teuteberg, F. (2013): S. 881 und Goldenson, D./ Gibson, D. L. (2003): S. 1.

[179]   Vgl. Ahlemann, F./ Schröder, C./ Teuteberg, F. (2005): S. 26.

[180]   Vgl. Ahlemann, F./ Schröder, C./ Teuteberg, F. (2005): S. 26.

[181]   Vgl. Ahlemann, F./ Schröder, C./ Teuteberg, F. (2005): S. 26, Kneuper, R. (2007): S. 1 und Wendler, R. (2013): S. 28.

[182]   Vgl. Ahlemann, F./ Schröder, C./ Teuteberg, F. (2005): S. 26, Kneuper, R. (2007): S. 1 und Wendler, R. (2013): S. 28.

[183]   Vgl. Ahlemann, F./ Schröder, C./ Teuteberg, F. (2005): S. 27 und Wendler, R. (2013): S. 28.

[184]   Vgl. Ahlemann, F./ Schröder, C./ Teuteberg, F. (2005): S. 28.

[185]   Vgl. Anhang D: Reifegradmodell nach CMMI, Ahlemann, F./ Schröder, C./ Teuteberg, F. (2005): S. 29 und Grande, M. (2014): S. 116.

Im Gegensatz dazu erfolgt bei der kontinuierlichen Sichtweise die Messung der Prozessverbesserung der Prozessgebiete über „**Capability Levels**".[186] Hierbei erfolgt die Bestimmung des Reifegrads über das Niveau, welches über eine Reifegradskala gemessen wird, wobei 0 den Zustand „Incomplete" und 5 den Optimalzustand „Optimizing" darstellt.[187]

3.2.2 Reifegradmodell PMMM

Ein weiteres relevantes Reifegradmodell stellt das von Kerzner, H. (2019) ursprünglich im Jahr 2001 publizierte Project Management Maturity Model [PMMM] dar.[188] Dabei bilden die **fünf** aufeinander aufbauenden **Reifegradebenen** „Einheitliche Sprache", „Verfahren und Standards", „Einheitliche Methodik", „Benchmarking" und „Ständige Verbesserung" die Grundlage des Modells.[189] Diese Stufen sind jedoch nicht überschneidungsfrei, d. h., dass auch Elemente aus zwei Ebenen parallel im Unternehmen umgesetzt werden können.[190]

Die Datenanalyse erfolgt für die Unternehmen entweder durch einen **Fragebogen** in Papierform oder alternativ über ein **Online-Tool**.[191] Bei der Online Varuante werden Stärken und Schwächen des Projektmanagements ermittelt und ein Entwicklungsplan wird vorgeschlagen.[192] Weiterhin wird den Unternehmen die Möglichkeit des **Benchmarkings** gegeben.[193]

3.2.3 Reifegradmodell OPM3

Im Jahr 2003 veröffentlichte das Project Management Institute of America [PMI] ein Reifegradmodell.[194] Es zeigt **starke Differenzen** zu den anderen bisher diskutierten Modellen auf und ist das **umfangreichste** sowie komplexeste Modell.[195] Das Ziel dieses Reifegradmodells liegt in der Messung der Fähigkeiten einer Organisation zur Planung und Realisierung von

---

[186] Vgl. Ahlemann, F./ Schröder, C./ Teuteberg, F. (2005): S. 27.

[187] Vgl. Ahlemann, F./ Schröder, C./ Teuteberg, F. (2005): S. 27 und Chaudhary, M./ Chopra, A. (2017): S. 4.

[188] Vgl. Anhang H: Reifegradmodell nach PMMM, Ahlemann, F./ Schröder, C./ Teuteberg, F. (2005): S. 34, Cooke-Davies, T. (2004): S. 1239 und Wendler, R. (2013): S. 36.

[189] Vgl. Anhang H: Reifegradmodell nach PMMM, Ahlemann, F./ Schröder, C./ Teuteberg, F. (2005): S. 34, Kerzner, H. (2019): 42 f. und Hutabarat, N. et al. (2021): S. 2.

[190] Vgl. Ahlemann, F./ Schröder, C./ Teuteberg, F. (2005): S. 35, Schmidt, S. A. (2002): 1. ff., Cooke-Davies, T. (2004): S. 1239, Kerzner, H. (2019): 43 f. und Kerzner, H. (2013): 1071.

[191] Vgl. Ahlemann, F./ Schröder, C./ Teuteberg, F. (2005): S. 35 und Tappe, D. (2010): S. 3.

[192] Vgl. Ahlemann, F./ Schröder, C./ Teuteberg, F. (2005): S. 35 und Tappe, D. (2010): S. 3.

[193] Vgl. Ahlemann, F./ Schröder, C./ Teuteberg, F. (2005): S. 35.

[194] Vgl. Anhang G: OPM3 Reifegradmodell, Silva, R. et al. (2019): S. 1, Schelle, H. (2006): S. 29, Wagner, R. (2012): 7 f. und Weilacher, S. (2004): S. 1.

[195] Vgl. Cooke-Davies, T. (2004): 1240, 1247.

Projekten.[196] Zum einen wird hierbei zwischen den drei Ebenen Projekt-, Programm- und Projektportfolio unterschieden.[197] Zum anderen besteht es aus den Entwicklungsstufen eines Projektmanagementsystems „Standardisierung, Messung, Control und kontinuierliche Verbesserung".[198] Die dritte Dimension wird durch die Unterscheidung der Prozesse in Start-, Planungs-, Ausführungs-, Controlling- und Abschlussprozesse gebildet.[199]

Der OPM3-Zyklus besteht aus den **drei Phasen** Knowledge, Assessment und Improvement. In der ersten Phase setzten sich Mitarbeiter mit den OPM3-Standards, dem Projektmanagement und der Projektreife auseinander. Im Rahmen der zweiten Phase Assessment erfolgt die Selbsteinschätzung der Unternehmen über einen Fragenkatalog.[200] Anschließend werden Projektmanagement-Methoden und dazu notwendige Fähigkeiten von den Unternehmen priorisiert und daraus ein Plan-for-Improvement abgeleitet. Die Fähigkeiten werden genauer durch Resultate bestimmt, deren Zielerreichung über KPIs gemessen wird.[201] In der letzten Phase erfolgt nun eine Planung zur Umsetzung der Fähigkeiten im Unternehmen. Danach wird der Prozess wiederholt und es wird überprüft, ob die Fähigkeiten im Unternehmen etabliert wurden.[202]

3.2.4 Reifegradmodell P3M3

Das Portfolio, Programme and Project Management Maturity Model (P3M3) wurde 2006 von dem britischen Office of Government Commerce entwickelt.[203] Das Modell ergänzt den PRINCE 2-Standard, eine Projektmanagement-Methode, und ist deskriptiv aufgebaut.[204] Es gliedert sich in die drei **Untermodelle** Portfolio Management Maturity Model (PfM3), Programme

---

[196] Vgl. Linssen, O./ Rachmann, A. (2008): S. 135, Fahrenkrog, S. L. (2004): S. 1, Schelle, H. (2006): S. 29.

[197] Vgl. Anhang G: OPM3 Reifegradmodell, Ahlemann, F./ Schröder, C./ Teuteberg, F. (2005): S. 30, Linssen, O./ Rachmann, A. (2008): S. 136 und Schelle, H. (2006): S. 30.

[198] Vgl. Anhang G: OPM3 Reifegradmodell, Ahlemann, F./ Schröder, C./ Teuteberg, F. (2005): S. 30, Linssen, O./ Rachmann, A. (2008): S. 138 und Schelle, H. (2006): S. 27.

[199] Vgl. Anhang F: Reifegradmodell nach OPM3 - Prozessgruppen in OPM3, Linssen, O./ Rachmann, A. (2008): S. 140 und Schelle, H. (2006): S. 31.

[200] Vgl. Linssen, O./ Rachmann, A. (2008): S. 142 und Schelle, H. (2006): S. 31.

[201] Vgl. Project Management Institute (2013): Kap. 6.1.2.5 und Wendler, R. (2013): S. 32.

[202] Vgl. Ahlemann, F./ Schröder, C./ Teuteberg, F. (2005): S. 32, Project Management Institute (2013): Kap. 3.2.5 und Wendler, R. (2013): S. 31. Zur positiven Wirkung der Anwendung von OPM3 auf die Projekte und Organisation siehe die Studie von Bento, I./ Gomes, J./ Romão, M. (2019): S. 50–54.

[203] Vgl. Albrecht, J.-C. (2014): S. 41, Daniel, K. (2008): S. 112, Sowden, R./ Hinley, D./ Clarke, S. (2010): S. 3: S.3 und Seidl, J. (2011): S. 189.

[204] Vgl. Daniel, K. (2008): S. 112, Seidl, J. (2011): S. 189 und Aspire (2010): S. 1.

Management Maturity Model (PgM3) und Project Management Maturity Model (PjM3).[205]

Die Einordnung in einen der fünf **Reifegradstufen** „Erkennbar", „Wiederholbar", „Definiert", „Gemanagt" und „Optimiert" erfolgt durch einen externen Einschätzungsprozess.[206] Es werden dabei die **sieben Perspektiven** „Managementkontrolle", „Management von Vorteilen", Finanzielles Management", „Risikomanagement", „Organisatorische Verbesserung", „Organisationsaufsicht" und „Ressourcenmanagement" betrachtet.[207] Eine erste Selbsteinschätzung mit wenigen Fragen ist zwar möglich, jedoch kann die komplette Einschätzung nur über aggregierte Beratungsunternehmen erfolgen.[208]

3.3 Bewertung der ausgewählten Reifegradmodelle

Um die vorhandenen Reifegradmodelle als Basis bei einer Neu- bzw. Weiterentwicklung verwenden zu können, sollen diese zunächst analysiert werden.[209] Dazu wird für jedes Modell erhoben, in welchem Ausmaß die aufgestellten allgemeinen und inhaltlichen Anforderungen (siehe Kapitel 3.1.1) erfüllt werden. Die Bewertung wird für jedes der ausgewählten Reifegradmodelle in tabellarischer Form vorgenommen.

3.3.1 Bewertung des Reifegradmodells CMMI

Die nachfolgende Tabelle 4 zeigt die Auswertung für das CMMI-Reifegradmodelle mit Bezug zu den allgemeinen Anforderungen. Der Überblick zeigt, dass diese nur begrenzt erfüllt werden.

Anforderung	Merkmal	Erfüllung	Begründung
Zielsetzung	Problem	nein	Mithilfe des Modells lässt sich Reife der Organisation messen, nicht konkret des MPM[210]

---

[205]   Vgl. Anhang I: P3M3 Struktur, Aspire (2010): S. 1 und Wendler, R. (2013): S. 35.

[206]   Vgl. Hedeman, B./ Seegers, R. (2011): S. 9, Aspire (2010): S. 2 und Wendler, R. (2013): S. 35.

[207]   Vgl. Sowden, R./ Hinley, D./ Clarke, S. (2010): S. 9, Aspire (2010): S. 2 und Wendler, R. (2013): S. 36.

[208]   Vgl. Aspire (2010): S. 4.

[209]   Vgl. Berghaus, S./ Back, A. (2016): S. 100, Hecht, S. (2014): S. 131 und Jording, T. (2018): S. 12.

[210]   Vgl. Ahlemann, F./ Schröder, C./ Teuteberg, F. (2005): S. 26, Anderson, D. J./ Bozheva, T. (2021): S. 491, Frehe, V./ Stiel, F./ Teuteberg, F. (2013): S. 881 und Goldenson, D./ Gibson, D. L. (2003): S. 1.

Anfor-derung	Merkmal	Erfül-lung	Begründung
	Unabhän-gigkeit	ja	keine Brancheneinschränkung, verschiedene Unternehmensgrößen bei Studie mit 35 Unternehmen einbezogen
	Gegenwär-tigkeit	ja	in Praxis evaluiert und seit Einführung weiterentwickelt
Aufbau	Systematik	ja	fünf Reifegradstufen, beginnend mit niedrigster zum höchsten Status
	Bezeich-nung	ja	Stufen tragen die Bezeichnung „Initial", „Managed", „Defined", „Quantitatively Managed", „Optimizing"
	Dimensio-nen	nein	eindimensionale Betrachtung
	Detaillie-rungsgrad	nein	hohe Anzahl an Stufen, keine weitere Detaillierung
Ver-wen-dung	Anwender-freundlich-keit	nein	Prozesskenntnisse und teilweise CMMI-Kompetenzen nötig
	Schnellig-keit	nein	durch viele Stufen ist schnelle Einordnung schwierig
	Verständ-lichkeit	ja	genaue Beschreibung macht Einordnung verständlich
	Dokumen-tation	ja	Schrittfolge der Verwendung ist dokumentiert
	Kosten / Nutzen	nein	Einordnung aufwendig, hohe Managementebene muss eingebunden werden[211]

---

[211] Vgl. Kneuper, R. (2007): S. 103.

Anfor- derung	Merkmal	Erfül- lung	Begründung
	Messbarkeit	nein	Messung Prozesse aufwendig, da die Wirkung der Maßnahme erst mit Zeitverzug messbar ist.
Urteils- Kraft	ganzheitli- cher Über- blick	ja	Stärken / Schwächen Organisation werden aufgezeigt
	Selbstein- schätzung	nein	Bewertung Organisation externe Prüf- stelle[212]
	Vergleich- barkeit	ja	externer Vergleich durch Ranking mit anderen Organisationen möglich
	Informati- onsqualität	nein	es wird lediglich Zustand beschrieben, aber nicht, wie dieser erreicht wird[213]
	Empfeh- lungscha- rakter	nein	Verbesserungsmaßnahmen werden vorgeschlagen, jedoch keine konkre- ten Handlungsempfehlungen[214]

Tabelle 4: Erfüllung allgemeine Anforderungen CMMI-Reifegradmodell

Grundsätzlich ist zu erkennen, dass der Fokus des CMMI-Reifegradmodells auf der Bewertung der Prozesse der gesamten Organisation liegt,[215] sodass **keine Spezialisierung** an die besonderen Bedürfnisse des MPMs besteht. Dies verdeutlicht außerdem der Befund, dass die inhaltlichen Anforderungen zum großen Teil nicht erfüllt werden (vgl. Tabelle 5). Das Reifegradmodell erfüllt lediglich die Anforderungen, dass Prozesse definiert und die Qualität der Prozesse sichergestellt werden.

---

[212] Vgl. Grande, M. (2014): S. 116, Kneuper, R. (2007): S. 1 und Wendler, R. (2013): S. 28.

[213] Vgl. Greb, T./ Kneuper, R. (2010): S. 100.

[214] Vgl. Ahlemann, F./ Schröder, C./ Teuteberg, F. (2005): S. 25 und Greb, T./ Kneuper, R. (2010): S. 100.

[215] Vgl. Ahlemann, F./ Schröder, C./ Teuteberg, F. (2005): S. 26, Anderson, D. J./ Bozheva, T. (2021): S. 491, Frehe, V./ Stiel, F./ Teuteberg, F. (2013): S. 881 und Goldenson, D./ Gibson, D. L. (2003): S. 1.

Anforde-rung	Merkmal	Erfül-lung	Begründung
Strategie	klare Definition	ja	Einbezug Unternehmensstrategie in Prozesse wird betrachtet
	Ableitung Budget	nein	Merkmal nicht erfüllt
Ziele		nein	Merkmal nicht erfüllt
Organisation		nein	Merkmal nicht erfüllt
Umweltbedingungen		nein	Merkmal nicht erfüllt
Qualitäts-manage-ment	Informations-qualität	nein	Merkmal nicht erfüllt
	Prozessquali-tät	ja	Einbezug Qualitätssicherung von Prozessen
Prozesse	klare Definition	ja	organisationsweite Definition
	Überprüfung Einhaltung	nein	Merkmal nicht erfüllt
Unternehmenskultur		nein	Merkmal nicht erfüllt
Instrumente		nein	Merkmal nicht erfüllt

Tabelle 5: Erfüllung inhaltlicher Anforderungen CMMI-Reifegradmodell

3.3.2 Bewertung des Reifegradmodells PMMM

Das PMMM-Reifegradmodell erfüllt die definierten **allgemeinen Anforderungen** (siehe Kapitel 3.1.1) zur Modellierung nur **begrenzt**. Die Ergebnisse der Analyse werden in der nachfolgenden Tabelle dargestellt (vgl. Tabelle 6).

Anfor-de-rung	Merkmal	Er-fül-lung	Begründung
Ziel-set-zung	Problem	nein	Qualität mit Modell messbar, jedoch nicht gesamtes MPM[216]
	Unabhän-gigkeit	nein	Entwicklung und Validierung in Netz-werk- und Kommunikationsdienstleis-tungsunternehmen, damit branchen-weite Verwendung nicht sichergestellt
	Gegenwär-tigkeit	nein	wurde seit Veröffentlichung nicht wei-terentwickelt und nicht überprüft, ob es noch zeitgemäß ist
Auf-bau	Systematik	nein	fünf Reifegradstufen nicht überschnei-dungsfrei[217]
	Bezeich-nung	ja	Stufen sind bezeichnet mit "Common Language", „Common Processes", „Sin-gular Methodology", „Benchmarking", „Continuous Improvement"[218]
	Dimensio-nen	ja	Betrachtung in mehreren Dimensionen
	Detaillie-rungsgrad	ja	Detaillierung sichergestellt, durch hohe Anzahl an Stufen und Dimensionen
Ver-wen-dung	Anwender-freundlich-keit	ja	Selbsteinschätzungsprozess, bei dem der Anwender zwischen Online-Tool o-der einem analogen Fragenkatalog wählt[219]

---

[216]   Vgl. Kerzner, H. (2019): S. 42, **Cooke-Davies, T. (2004): S. 1247 und Tappe, D. (2010): S. 1.**

[217]   Vgl. Ahlemann, F./ Schröder, C./ Teuteberg, F. (2005): S. 34, Hutabarat, N. et al. (2021): S. 2 und Kerzner, H. (2019): 42 f.

[218]   Vgl. Ahlemann, F./ Schröder, C./ Teuteberg, F. (2005): S. 34, Hutabarat, N. et al. (2021): S. 2, Kerzner, H. (2019): 42 f. und Kerzner, H. (2013): 1071.

[219]   Vgl. Ahlemann, F./ Schröder, C./ Teuteberg, F. (2005): S. 34 und Tappe, D. (2010): S. 3.

Anfor-de-rung	Merkmal	Er-fül-lung	Begründung
	Schnellig-keit	nein	hoher Detaillierungsgrad erschwert schnelle Bearbeitung[220]
	Verständ-lichkeit	ja	genaue Beschreibung bewirkt Verständlichkeit
	Dokumen-tation	ja	Ergebnisse werden im Tool / Fragebogen dokumentiert[221]
	Kosten / Nutzen	ja	Self-Assessment mithilfe Fragebogen (ohne Hilfe von Experten) möglich.
	Messbar-keit	nein	Messung anhand einfacher Skala, einige Sachverhalte nur begrenzt messbar
Ur-teils-Kraft	ganzheitli-cher Über-blick	nein	nur Prozesse werden betrachtet
	Selbstein-schätzung	ja	Selbsteinschätzung mit Softwareunterstützung möglich[222]
	Vergleich-barkeit	ja	externer Vergleich bei Verwendung Online-Tool möglich[223]
	Informati-onsqualität	ja	Es werden Informationen zum Status quo und Handlungsempfehlungen gegeben[224]

---

[220] Vgl. Cooke-Davies, T. (2004): 1240, 1247, Kerzner, H. (2019): S. 42 und Wendler, R. (2013): S. 32.

[221] Vgl. Cooke-Davies, T. (2004): 1240, 1247, Kerzner, H. (2019): S. 42 und Wendler, R. (2013): S. 32.

[222] Vgl. Ahlemann, F./ Schröder, C./ Teuteberg, F. (2005): S. 35, Tappe, D. (2010): S. 3 und Wendler, R. (2013): S. 32.

[223] Vgl. Ahlemann, F./ Schröder, C./ Teuteberg, F. (2005): S. 35 und Tappe, D. (2010): S. 3.

[224] Vgl. Ahlemann, F./ Schröder, C./ Teuteberg, F. (2005): S. 35.

Anforderung	Merkmal	Erfüllung	Begründung
	Empfehlungscharakter	ja	entwickelter Aktionsplan zur Verbesserung des Zustands (begrenzt auf Onlineversion)[225]

Tabelle 6: Erfüllung allgemeine Anforderungen PMMM-Reifegradmodell

Das Reifegradmodell betrachtet generell nur die Prozesse im Projektmanagement, sodass bezüglich der inhaltlichen Anforderungen **nur** die **Prozess-Anforderungen** erfüllt werden. Eine Spezifikation für das MPM existiert nicht, sodass die anderen inhaltlichen Anforderungen nicht erfüllt werden (Tabelle 7).

Anforderung	Merkmal	Erfüllung	Begründung
Strategie	klare Definition	ja	Einbezug Unternehmensstrategie in Prozesse wird betrachtet
	Ableitung Budget	nein	Merkmal nicht erfüllt
Ziele		nein	Merkmal nicht erfüllt
Organisation		nein	Merkmal nicht erfüllt
Umweltbedingungen		nein	Merkmal nicht erfüllt
Qualitätsmanagement		nein	Merkmal nicht erfüllt
Prozesse	klare Definition	ja	es werden zunächst Prozesse standardisiert[226]
	Überprüfung Einhaltung	ja	durch Kriterium Kontrolle wird Einhaltung überprüft
Unternehmenskultur		nein	Merkmal nicht erfüllt

---

[225] Bei Verwendung des analogen Fragebogens erhält man nicht automatisch Empfehlungen.

[226] Vgl. Ahlemann, F./ Schröder, C./ Teuteberg, F. (2005): S. 35, Hutabarat, N. et al. (2021): S. 2 und Kerzner, H. (2019): S. 44.

| Instrumente | nein | Merkmal nicht erfüllt |

Tabelle 7: Erfüllung inhaltlicher Anforderungen PMMM-Reifegradmodell

3.3.3 Bewertung des Reifegradmodells OPM3

Hinsichtlich der **allgemeinen Anforderungen** erfüllt das OPM3 Reifegradmodell den **größten Teil** der Kriterien. Diese werden in der nachfolgenden Tabelle 8 betrachtet.

Anforderung	Merkmal	Erfüllung	Begründung
Zielsetzung	Problem	nein	Qualität Projektarbeit kann gemessen werden, jedoch nicht gesamtes MPM[227]
	Unabhängigkeit	ja	Entwicklung unabhängiger PMI mit Rückgriff auf Best Practices, Anwendung in unterschiedlichen Unternehmensbranchen und -größen möglich[228]
	Gegenwärtigkeit	nein	keine Weiterentwicklung seit Veröffentlichung und keine Überprüfung, ob es noch zeitgemäß ist
Aufbau	Systematik	ja	vier Reifegradstufen[229]
	Bezeichnung	ja	Stufen tragen die Bezeichnung „Standardize", „Measure", „Control", „Improve"[230]

---

[227] Vgl. Linssen, O./ Rachmann, A. (2008): S. 135, Fahrenkrog, S. L. (2004): S. 1 und Schelle, H.): S. 29.

[228] Vgl. Ahlemann, F./ Schröder, C./ Teuteberg, F. (2005): S. 33 und Project Management Institute (2013): ANNEX A1.

[229] Vgl. Ahlemann, F./ Schröder, C./ Teuteberg, F. (2005): S. 27, Linssen, O./ Rachmann, A. (2008): S. 138 und Schelle, H. (2006): S. 30.

[230] Vgl. Tappe, D. (2010): S. 3, Aspire (2010): S. 2, Wendler, R. (2013): S. 35. Cooke-Davies, T. (2004) kritisiert semantische Konfusionen bei zwei der vier Hauptkomponenten. Siehe Cooke-Davies, T. (2004): S. 1247.

An-forde-rung	Merkmal	Er-fül-lung	Begründung
	Dimensio-nen	ja	Betrachtung erfolgt in mehreren Dimen-sionen[231]
	Detaillie-rungsgrad	ja	durch hohe Anzahl an Stufen und die Un-terteilung in Dimensionen wird ange-messene Detaillierung sichergestellt
Ver-wen-dung	Anwender-freundlich-keit	ja	zweistufiger Self-Assessment Prozess, der von Anwendern durchgeführt wird[232]
	Schnellig-keit	nein	hoher Detaillierungsgrad erschwert schnelle Anwendung
	Verständ-lichkeit	ja	durch genaue Beschreibung ist Einord-nung verständlich
	Dokumen-tation	ja	Schrittfolge der Verwendung ist doku-mentiert.
	Kos-ten /Nut-zen	nein	Self-Assessment ist sehr aufwendig
	Messbar-keit	nein	Messung erfolgt über KPIs,[233] jedoch nicht alles objektiv messbar wie Kunden-zufriedenheit[234]
Ur-teils-Kraft	ganzheitli-cher Über-blick	nein	nur Prozesse werden betrachtet[235]

---

[231] Vgl. Anhang G: OPM3 Reifegradmodell, Linssen, O./ Rachmann, A. (2008): S. 145, Project Ma-nagement Institute (2013): Kap. 1.5.

[232] Vgl. Ahlemann, F./ Schröder, C./ Teuteberg, F. (2005): S. 32, Linssen, O./ Rachmann, A. (2008): S. 142 und Schelle, H. (2006): S. 31.

[233] Vgl. Ahlemann, F./ Schröder, C./ Teuteberg, F. (2005): S. 32 und Project Management Insti-tute (2013): Kap. 6.1.2.5.

[234] Vgl. Ahlemann, F./ Schröder, C./ Teuteberg, F. (2005): S. 32.

[235] Vgl. El Arbi, F./ Ahlemann, F./ Kaiser, M. (2013): S. 125 und Anhang F: Reifegradmodell nach OPM3 - Prozessgruppen in OPM3.

Anforderung	Merkmal	Erfüllung	Begründung
	Selbsteinschätzung	ja	Selbsteinschätzung ist mithilfe des Prozesses möglich, zusätzliche Softwareunterstützung besteht[236]
	Vergleichbarkeit	ja	externer Vergleich mit anderen Organisationen ist möglich
	Informationsqualität	ja	Informationen zum Status quo und Handlungsempfehlungen werden gegeben[237]
	Empfehlungscharakter	nein	‚Plan of Improvement' wird bereitgestellt, jedoch wählt Unternehmen dann daraus die Best Practices aus, sodass es keine genaue Empfehlung gibt, welche Practices zwingend umgesetzt werden müssen

Tabelle 8: Erfüllung allgemeine Anforderungen OPM3-Reifegradmodell

Das Reifegradmodell betrachtet die Qualität der Projektarbeit einer Organisation.[238] Dieses umfasst somit zwar auch Ansätze des MPMs, jedoch erfolgt keine Spezialisierung darauf. Folglich sind die **inhaltlichen Anforderungen** nur **begrenzt erfüllt** (vgl. Tabelle 9).

Anforderung	Merkmal	Erfüllung	Begründung
Strategie	klare Definition	ja	Einbezug Unternehmensstrategie in Prozesse wird betrachtet
	Ableitung Budget	nein	Merkmal nicht erfüllt

---

236   Vgl. Tappe, D. (2010): S. 3.
237   Vgl. Ahlemann, F./ Schröder, C./ Teuteberg, F. (2005): S. 32, Project Management Institute (2013): Kap. 6.0 und Wendler, R. (2013): S. 31.
238   Vgl. Tappe, D. (2010): S. 1.

Anforderung	Merkmal	Erfüllung	Begründung
Ziele		Nein	Merkmal nicht erfüllt
Organisation		Nein	Merkmal nicht erfüllt
Umweltbedingungen		Nein	Merkmal nicht erfüllt
Qualitätsmanagement		Nein	Merkmal nicht erfüllt
Prozesse	klare Definition	Ja	es werden zunächst Prozesse standardisiert[239]
	Überprüfung Einhaltung	Ja	durch Kriterium Kontrolle wird Einhaltung überprüft[240]
Unternehmenskultur		Nein	Merkmal nicht erfüllt
Instrumente		Nein	Merkmal nicht erfüllt

Tabelle 9: Erfüllung inhaltlicher Anforderungen OPM3-Reifegradmodell

3.3.4 Bewertung des Reifegradmodells P3M3

Bezüglich der **allgemeinen Anforderungen** erfüllt das P3M3-Reifegradmodell diese **weitestgehend**. Die Analyse der allgemeinen Anforderungen wird genauer in Tabelle 9 betrachtet.

---

[239] Vgl. Anhang E: Reifegradmodell nach OPM3 - Entwicklung des Reifegrads, Ahlemann, F./ Schröder, C./ Teuteberg, F. (2005): S. 32, Linssen, O./ Rachmann, A. (2008): S. 137, Schelle, H. (2006): S. 30.

[240] Vgl. Anhang E: Reifegradmodell nach OPM3 - Entwicklung des Reifegrads und Ahlemann, F./ Schröder, C./ Teuteberg, F. (2005): S. 32.

Anforderung	Merkmal	Erfüllung	Begründung
Zielsetzung	Problem	ja	aufgrund Untermodelle wird auch Qualität des MPMs mit betrachtet[241]
	Unabhängigkeit	ja	Entwicklung von unabhängigen OGC, Anwendung in unterschiedlichen Unternehmensbranchen und -größen möglich[242]
	Gegenwärtigkeit	ja	Aktualisierung erfolgte[243]
Aufbau	Systematik	ja	fünf Reifestufen[244]
	Bezeichnung	ja	Stufen tragen die Bezeichnung: „Erkennbar“, „Wiederholbar“, „Definiert“, „Gemanagt“ und „Optimiert“[245]
	Dimensionen	ja	sieben Dimensionen[246]
	Detaillierungsgrad	ja	durch hohe Anzahl an Stufen und Unterteilung in Dimensionen wird angemessene Detaillierung sichergestellt
Verwendung	Anwenderfreundlichkeit	nein	durch hohen Detaillierungsgrad ist Anwendung sehr komplex
	Schnelligkeit	nein	hohe Detaillierungsgrad erschwert schnelle Anwendung

---

[241]   Vgl. Seidl, J. (2011): S. 189, Aspire (2010): S. 2, Young, M./ Young, R./ Romero Zapata, J. (2014): S. 218 und Wendler, R. (2013): S. 35.

[242]   Vgl. Albrecht, J.-C. (2014): S. 41, Daniel, K. (2008): S. 112 und Seidl, J. (2011): S. 189.

[243]   Vgl. Sowden, R./ Hinley, D./ Clarke, S. (2010): S. 5, Young, M./ Young, R./ Romero Zapata, J. (2014): S. 218 und Wendler, R. (2013): S. 35.

[244]   Vgl. Hedeman, B./ Seegers, R. (2011): S. 9 und Aspire (2010): S. 1.

[245]   Vgl. Hedeman, B./ Seegers, R. (2011): S. 9, Young, M./ Young, R./ Romero Zapata, J. (2014): S. 219 und Wendler, R. (2013): S. 35.

[246]   Vgl. Hedeman, B./ Seegers, R. (2011): S. 9, Sowden, R./ Hinley, D./ Clarke, S. (2010): S. 7, Aspire (2010): S. 3 und Wendler, R. (2013): S. 36.

	Verständlich-keit	ja	genaue Beschreibung
	Dokumenta-tion	ja	Dokumentation der Durchführung
	Kosten /Nut-zen	nein	externer Einschätzungsprozess ist sehr aufwendig
	Messbarkeit	nein	Messprozess aufgrund externer Durchführung nicht komplett transparent
Ur-teils-Kraft	ganzheitli-cher Über-blick	ja	Betrachtung erfolgt in verschiedenen Perspektiven[247]
	Selbstein-schätzung	nein	Bewertung erfolgt grundsätzlich extern,[248] in neuer Version ist erste Selbsteinschätzung begrenzt möglich
	Vergleich-barkeit	ja	externer Vergleich mit anderen Organisationen ist möglich[249]
	Informationsqualität	Ja	Informationen zum Status quo und zu Verbesserungsmöglichkeiten
	Empfeh-lungscharak-ter	nein	keine konkreten Handlungsempfehlungen, Modell hilft nur bei Identifikation von notwendigen Praktiken

Tabelle 10: Erfüllung allgemeine Anforderungen P3M3-Reifegradmodell

Im Gegensatz zum CMMI enthält das P3M3 grundsätzlich die drei Aspekte Portfolio-, Programm- und Projektmanagement[250], weshalb es Elemente des MPMs umfasst. Die Analyse der inhaltlichen Anforderungen zeigt jedoch,

---

[247] Vgl. Anhang I: P3M3 Struktur, Sowden, R./ Hinley, D./ Clarke, S. (2010): S. 8, Aspire (2010): S. 3.
[248] Vgl. Hedeman, B./ Seegers, R. (2011): S. 9.
[249] Vgl. Hedeman, B./ Seegers, R. (2011): S. 9.
[250] Vgl. Anhang I: P3M3 Struktur, Sowden, R./ Hinley, D./ Clarke, S. (2010): S. 8 und Aspire (2010): S. 3.

dass auch das P3M3-Reifegradmodell nur einen **geringen Teil** der Kriterien **erfüllt** (vgl. Tabelle 11).

Anforde-rung	Merkmal	Erfül-lung	Begründung
Strategie		nein	Merkmal nicht erfüllt
Ziele	langfristiger Ausgleich	nein	Merkmal nicht erfüllt
	Koordina-tion	ja	Koordinierung Projekte ist Bestandteil, Projekte müssen priorisiert werden[251]
	Ressourcen-aufteilung	ja	Betrachtung durch Ressourcenmanagement[252]
Organisation		nein	Merkmal nicht erfüllt
Umweltbedingungen		nein	Merkmal nicht erfüllt
Qualitäts-manage-ment	Informationsqualität	nein	Merkmal nicht erfüllt
	Prozessqualität	ja	Einordnung betrachtet Qualitätsmanagement-Prozesse[253]
Prozesse	klare Definition	ja	Betrachtung, ob Prozesse bestehen und dokumentiert werden
	Überprüfung Einhaltung	ja	Überprüfung der richtigen Durchführung der Prozesse ist enthalten[254]
Unternehmenskultur	Innovationskultur	nein	Merkmal nicht erfüllt

---

[251] Vgl. Sowden, R./ Hinley, D./ Clarke, S. (2010): S. 8.

[252] Vgl. Sowden, R./ Hinley, D./ Clarke, S. (2010): S. 9, Aspire (2010): S. 2 und Wendler, R. (2013): S. 36.

[253] Vgl. Anhang I: P3M3 Struktur, Sowden, R./ Hinley, D./ Clarke, S. (2010): 8, 14.

[254] Vgl. Anhang I: P3M3 Struktur, Sowden, R./ Hinley, D./ Clarke, S. (2010): S. 14.

	Risikokultur	ja	Betrachtung Perspektive Risikomanagement[255]
	Fehlerkultur	nein	Merkmal nicht erfüllt
Instrumente		nein	Merkmal nicht erfüllt

Tabelle 11: Erfüllung inhaltlicher Anforderungen P3M3-Reifegradmodell

3.3.5 Zusammenfassende Bewertung

Bei den **allgemeinen Anforderungen** liegt das P3M3-Modell mit insgesamt 12 (67 %) erfüllten Prüfkriterien knapp vor dem PMMM- und OPM3-Modell mit 11 (61 %) erfüllten Kriterien. Das CMMI-Modell hat lediglich 8 (44 %) Prüfbereiche erfüllt. Im Durchschnitt erfüllen die Modelle 58 % der Kriterien. Die Analyse der Einzelkategorien zeigt, dass zwei (11 %) Kriterien (Messbarkeit und Schnelligkeit) durch keines der Modelle realisiert werden. Auf der anderen Seite sind vier (22 %) Kriterien (Bezeichnung, Verständlichkeit, Dokumentation und Vergleichbarkeit) durch alle Modelle erfüllt.

Bei den **inhaltlichen Anforderungen** ist der Umsetzungsgrad deutlich niedriger und liegt im Durchschnitt bei 17 %. Drei der Modelle erfüllen lediglich drei (14 %) der Kriterien und nur das P3M3-Modell kann sich auf niedrigem Niveau mit 27 % der erfüllten Kriterien (6) abheben. Hieraus resultiert, dass 68 % der Kriterien von keinem der Modelle erfüllt werden. Dies gilt für alle Oberkategorien mit Ausnahme der Prozesse. Lediglich eine Kategorie wurde von allen analysierten Modellen realisiert (klare Definition der Prozesse). Außerdem fällt auf, dass das PMMM- und das OPM3-Modell über ein komplett übereinstimmendes Muster bei den Einzelkriterien verfügen. Bei beiden Modellen sind im inhaltlichen Bereich lediglich die klare Definition der Strategie, die Definition des Prozesses und die Einhaltung des Prozesses im Modell umgesetzt.

---

[255] Vgl. Sowden, R./ Hinley, D./ Clarke, S. (2010): S. 15, Aspire (2010): S. 2 und Wendler, R. (2013): S. 36.

Abbildung 5 zeigt den Erfüllungs- und damit Gütegrad im allgemeinen und im inhaltlichen Bereich.

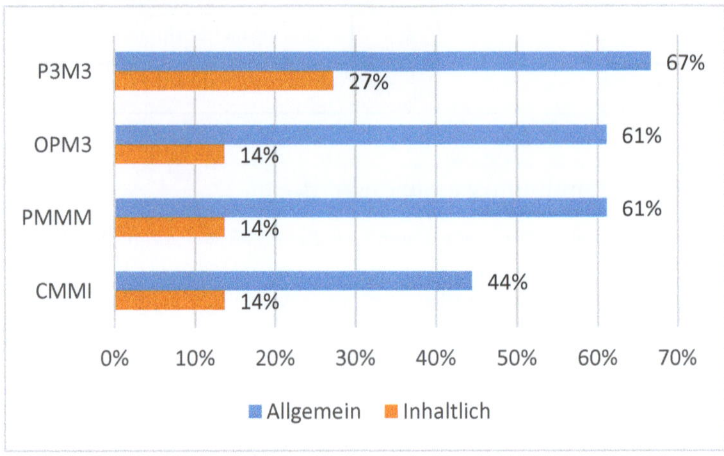

Abbildung 5: Erfüllungsgrad Bewertungskriterien der analysierten Modelle

4 Durchführung empirische Untersuchung

4.1 Notwendigkeit der empirischen Untersuchung

Um die Frage zu beantworten, wie ein Reifegradmodell für das MPM aussehen sollte, wird im Folgenden zuerst die empirische Untersuchung durchgeführt. Die bestehenden Reifegradmodelle sind zwar für das PM sehr umfassend, allerdings für das MPM zu abstrakt und **nicht direkt anwendbar**. Es werden beim OPM3- und P3M3-Modell zwar auch Projektportfolios[256] betrachtet, jedoch nicht speziell das MPM an sich.

Die vorangegangene Analyse hat gezeigt, dass keines der ausgewählten Reifegradmodelle die Anforderungen an das Reifegradmodell des MPMs erfüllt (siehe Kapitel 3.3.5). Das Reifegradmodell P3M3 erfüllt dabei die meisten inhaltlichen Anforderungen, aber Aspekte wie die Organisation und die Umweltbedingungen bleiben unberücksichtigt. Somit können die bereits existierenden Modelle nur begrenzt zur inhaltlichen Konzeptionierung verwendet werden. Auch war ersichtlich, dass die bereits bestehenden Modelle noch **keine Details** für das **MPM** enthalten. Somit erfüllt bisher keines der untersuchten Reifegradmodelle die speziellen Ansprüche für ein MPM.

Bezüglich der allgemeinen Voraussetzungen sind bei allen vier herangezogenen Reifegradmodellen **Mängel** in der Erfüllung festgestellt worden. In Bezug auf die erfüllten Anforderungen, wie beispielsweise zum Aufbau[257], kann auf die bestehenden Reifegradmodelle zurückgegriffen werden. Da jedoch auch die anderen allgemeinen Anforderungen erfüllt werden sollen, werden **zusätzliche Informationen** benötigt, die über die bestehenden Reifegradmodelle hinaus gehen. Auch weisen die bereits bestehenden Modelle zwar eine ähnliche Anzahl an Reifegradstufen, Dimensionen und Beschriftungen auf, jedoch sind Unterschiede erkennbar, sodass Experten ergänzende Hinweise liefern müssen, um eine Entscheidung treffen zu können.

Die bestehenden Reifegradmodelle stellen (rein) theoretische Konstrukte dar und nicht bei allen wurde eine Anpassung an die Praxis vorgenommen. Damit das neu aufgestellte Reifegradmodell Akzeptanz im Unternehmen findet, ist es wichtig, zusätzliche Erkenntnisse in Bezug auf die Probleme und Bedürfnisse von Mehrprojektsituationen aufzunehmen. Um diese Informationen aus der Praxis zu erheben, ist die Durchführung einer empirischen

---

[256]   Vgl. Schelle, H. (2006): S. 30, Seidl, J. (2011): S. 189 und Aspire (2010): S. 1.
[257]   Dazu gehören die Kriterien Systematik, Bezeichnung, Dimensionen und Detailierungsgrad.

Untersuchung notwendig. Die empirische Untersuchung erfüllt den Zweck, bereits vorhandene Erkenntnisse zu verifizieren und die bestehenden Informationslücken zu schließen.

4.2   Auswahl der Untersuchungsmethode

Hinsichtlich der empirischen Untersuchung stehen qualitative und quantitative Forschungsmethoden zur Auswahl.[258] Bei der qualitativen Methode werden neue empirische Erkenntnisse gewonnen und neue Konzepte entwickelt.[259] Dabei werden Daten nicht oder nur in geringem Maße standardisiert erhoben.[260] Im Vergleich dazu stellt die quantitative Methode eine standardisierte Methode dar.[261] Bei dieser Methode liegt der Fokus auf der Überprüfung bereits bestehender Theorien.[262] Dieses erfolgt durch statische Analysen, Metaanalysen oder Umfragen mit festen Skalen.[263]

Anhand der vorangegangenen Analyse der bereits bestehenden Reifegradmodelle ist ein Defizit an Informationen in Bezug auf die speziellen Bedürfnisse festzustellen. Da die theoretischen Erkenntnisse ohnehin lückenhaft sind bzw. ihre Lückenhaftigkeit evident ist, wäre eine quantitative Überprüfung nicht sinnvoll, weil sie zu keinen neuen Erkenntnissen führt. Folglich begrenzt sich die Auswahl der Methode sich auf eine **qualitative Vorgehensweise**.[264] Dabei kommen neben Fallstudien und Experimenten auch Experteninterviews in Betracht.[265]

Im Rahmen von **Experteninterviews** ist es möglich, Fragen im Vorhinein zu konzipieren und diese zielgerichtet beantworten zu lassen. Dadurch kann man Hinweise auf **Zusammenhänge** (z. B. zwischen Themen und Kategorien) erhalten.[266] Durch das direkte Gespräch bestehen zudem Möglichkeiten zur Nachfrage, wodurch zusätzliche Erkenntnisse gewonnen werden können.[267]

---

[258]   Vgl. Döring, N./ Bortz, J. (2016): S. 22, Flick, U. et al. (2014): S. 183, Homburg, C./ Klarmann, M. (2003): S. 74, Kirchmair, R. (2022): S. 2, Kubbe, I. (2016): S. 44.

[259]   Vgl. Kaiser, R. (2021): S. 107, Kirchmair, R. (2022): S. 7 und Wichmann, A. (2020): S. 34.

[260]   Vgl. Keller, R. (2014): S. 168, Flick, U. et al. (2014): S. 200 und Soeffner, H.-G. (2014): S. 42.

[261]   Vgl. Jording, T. (2018): S. 62, Kirchmair, R. (2022): S. 2 und Kubbe, I. (2016): S. 44.

[262]   Vgl. Diekmann, A. (2006): S. 30, Schumann, S. (2018): S. 19 und Wichmann, A. (2020): S. 7.

[263]   Vgl. Eisend, M./ Kuß, A. (2023): S. 169, Kirchmair, R. (2022): S. 10, Kubbe, I. (2020): S. 114 und Schumann, S. (2018): S. 19.

[264]   Vgl. Bogner, A./ Menz, W. (2005b): S. 7.

[265]   Vgl. Davies, H. T./ Nutley, S. M. (1999): S. 9–16, Homburg, C./ Klarmann, M. (2003): S. 65, Kirchmair, R. (2022): S. 10, Mayring, P. (2020): S. 5 und Mey, G./ Mruck, K. (2014): S. 10.

[266]   Vgl. Bogner, A./ Menz, W. (2005b): S. 7, Deppermann, A. (2014): S. 133 und Mayring, P. (2016): S. 66.

[267]   Vgl. Bogner, A./ Menz, W. (2005b): S. 7, Deppermann, A. (2014): S. 134 und Weber, S. T./ Wernitz, F. (2021): S. 4.

Im Unterschied zur quantitativen Methode liegt ein Problem in der **einge-schränkten Vergleichbarkeit** der Antworten aufgrund der individuellen Ant-wortmöglichkeiten.[268] Ein weiteres Problem könnten auch mögliche **Verzer-rungen** darstellen, die durch die subjektive Perspektive der Interviewten ent-stehen könnten.[269] Die Reduzierung der Probleme erfolgt durch die Beach-tung des eigenen verbalen und nonverbalen Verhaltens.[270]

Zudem wird aus diesem Grund die Befragung mündlich im Rahmen von **leit-fadengestützten Interviews** durchgeführt, um die genannten Probleme zu umgehen.[271] Auch wird dadurch der Vorteil der Möglichkeit von Rückfragen sichergestellt.[272] Der Leitfaden wurde relativ kurz gehalten, um Zwischenfra-gen Raum zu geben Hierdurch wurde individuellen Antworten Raum gege-ben.[273] Das Risiko, dass Experten kein spezifisches Wissen aufweisen,[274] wird durch die fundierte Recherche zu den Fähigkeiten und die am Anfang durch-geführte Abfrage der persönlichen Daten reduziert.[275] Es wurde ein Zeitpuf-fer eingeplant, um Zeitdruck zu vermeiden.[276] Die Befragten wurden auf die Anonymisierung der Interviews hingewiesen, um die Bereitschaft zu erhö-hen, auch vertrauliche Informationen weiterzugeben[277].

Die bei den quantitativen Methoden bekannten **Maßstäbe** zur **Messung** der **Qualität** der Forschung (Reliabilität, Validität und Objektivität) können nicht direkt oder gar nicht auf die qualitative Forschung übertragen werden.[278] Dies ist darauf zurückzuführen, dass der dafür notwendige Grad an Standar-disierung inkompatibel mit der Vorgehensweise der qualitativen Methoden ist.[279]

Ein Ansatz, um eine Überprüfbarkeit herzustellen, ist die Trennung der **Aus-sage** des befragten **Subjektes** von der **Interpretation** des Forschenden. Auch

---

[268]   Vgl. Bogner, A./ Menz, W. (2005a): S. 34, Lamnek, S./ Krell, C. (2016): S. 690 und Meuser, M./ Nagel, U. (2002): S. 71.

[269]   Vgl. Deppermann, A. (2014): S. 133, Trinczek, R. (2002): 209 f. und Lamnek, S./ Krell, C. (2016): S. 690.

[270]   Vgl. Döring, N./ Bortz, J. (2016): S. 362, Glantz, A./ Michael, T. (2014): S. 316 und Weber, S. T./ Wernitz, F. (2021): S. 4.

[271]   Vgl. Flick, U. (2010): S. 396 und Wernitz, F. (2018).

[272]   Vgl. Döring, N./ Bortz, J. (2016): S. 372 und Weber, S. T./ Wernitz, F. (2021): S. 4.

[273]   Vgl. Bogner, A./ Littig, B./ Menz, W. (2014): S. 29. , Döring, N./ Bortz, J. (2016): S. 372, Heinze, T. (2016): S. 154.

[274]   Vgl. Kaiser, R. (2021): S. 155 und Pfadenhauer, M. (2002): S. 113.

[275]   Vgl. Kaiser, R. (2021): 158 f. und Pfadenhauer, M. (2002): S. 114.

[276]   Vgl. Flick, U. (2012): S. 218.

[277]   Vgl. Flick, U. (2012): S. 218.

[278]   Vgl. Flick, U. (2010): S. 395 und Wichmann, A. (2020): S. 2.

[279]   Vgl. Flick, U. (2010): S. 397.

die Forschungssituation sollte validierbar sein, mit Blick auf das Auftreten von Auffälligkeiten und Verzerrungen.[280]

Ein weiterer Weg ist, den Befragten die Aussagen noch einmal vorzulegen, sodass diese sie **konsentieren**, d. h. akzeptieren, modifizieren oder verwerfen können.[281] Auch wird das **„peer debriefing"** empfohlen, innerhalb dessen regelmäßig Besprechungen mit anderen Forschenden stattfinden, um blinde Flecken bei der Interpretation zu vermeiden.[282]

4.3 Durchführung von Experteninterviews
4.3.1 Auswahl der Experten

Zur Auswahl der Experten ist es notwendig, vorab entsprechende **Anforderungen** zu definieren. Zur Auswahl kommen daher ausschließlich Personen, die ein fachlich orientiertes Sonderwissen aufweisen.[283] Folglich handelt es sich um Personen, die entweder aufgrund ihrer beruflichen Tätigkeit einen Wissensvorsprung[284] im Bereich MPM haben oder individuelle Kenntnisse zum Thema MPM besitzen. Entweder müssen diese langjährige Berufserfahrung aufweisen[285] oder eine Veröffentlichung beziehungsweise Forschungen in dem Bereich vorweisen können. Repäsentativität der Ergebnisse, insbesondere im Hinblick auf die Anwendungsbreite des Reifegradmodells wird dadurch gewährleistet, dass die Experten aus unterschiedlichen Branchen stammen.[286]

Bei der Suche nach möglichen Experten wurden zum einen wissenschaftliche **Publikationen** zum Thema MPM herangezogen und Autoren gewählt, die mindestens eine Publikation in diesem Bereich veröffentlicht haben. Zum anderen wurden Personen gewählt, die aufgrund ihrer **beruflichen Tätigkeit** Erfahrungen im Bereich MPM haben. Dazu wurden Datenbanken wie die der Deutsche Gesellschaft für Projektmanagement [GPM] verwendet. Dabei wurden neben dem MPM-Ressort auch Regionalleiter mit praktischen Erfahrungen kontaktiert. Durch die Kontaktaufnahme über die GPM wurde zum

---

[280]   Vgl. Flick, U. (2010): S. 398.

[281]   Vgl. Flick, U. (2010): S. 398.

[282]   Vgl. Flick, U. (2010): S. 401 Das „peer debriefing" wurde aus Zeitgründen in dieser Forschungsarbeit nicht umgesetzt.

[283]   Vgl. Gläser, J./ Laudel, G. (2010): S. 13, Hecht, S. (2014): S. 77 und Liebold, R./ Trinczek, R. (2009): S. 33.

[284]   Vgl. Frehe, V./ Stiel, F./ Teuteberg, F. (2013): S. 884, Liebold, R./ Trinczek, R. (2009): S. 33 und Pohlmann, M. (2022): S. 234.

[285]   Vgl. Berghaus, S./ Back, A. (2016): S. 102, Liebold, R./ Trinczek, R. (2009): S. 36 und Wolf, V. (2021): S. 111.

[286]   Vgl. Berghaus, S./ Back, A. (2016): S. 102 und Heinze, T. (2016): S. 161.

einen sichergestellt, dass das nötige Fachwissen vorlag, da die Mitglieder über Qualifikationen im Bereich MPM verfügen. Zum anderen gewährleistet dieses Vorgehen eine breite Branchenverteilung. Daneben wurde eine Suche in der Datenbank des Unternehmens durchgeführt.

Aufgrund der zuvor definierten Auswahlkriterien wurden insgesamt 207 Experten identifiziert, die dann eine Anfrage zur Teilnahme per Mail erhielten. Von den angefragten Experten meldeten sich 134 Personen nicht zurück. Weitere 60 Personen sagten einer Teilnahme ab. Als Gründe wurden fehlende zeitliche Verfügbarkeit, Ruhestand und keine Aktivitäten mehr in diesem Bereich genannt. Die übrigen **13** Angefragten erteilten eine **Zusage**. Die Verteilung von Anfrage zur Zusage zeigt Abbildung 6.

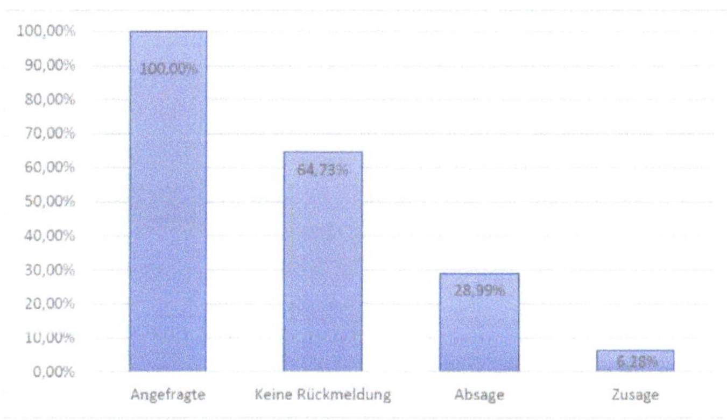

Abbildung 6: Anzahl der Experten

Die Anzahl ist als ausreichend anzusehen, da Autoren in vergleichbaren Befragungen, unter anderem Glas, A./ Kleemann, F. (2016) auf sieben Experten zurückgegriffen haben.[287] Auch sieht Eisenhardt, K. M. (1989) den Einbezug von sieben Fällen als ausreichend zur Wahrung der Repräsentativität an.[288] Nach Ansicht weiterer Autoren wird ebenfalls die Durchführung von mindestens fünf Interviews als genügend erachtet.[289] Zudem waren sich die Experten bei der Beantwortung der Fragen weitestgehend einig, sodass die Befragung weiterer Experten zu keinen zusätzlichen Erkenntnissen führen

---

[287]   Vgl. Glas, A./ Kleemann, F. (2016): S. 60.
[288]   Vgl. Eisenhardt, K. M. (1989): S. 532–534.
[289]   Vgl. Helfferich, C. (2011): S. 175 und Kvale, S. (2011): S. 44.

würde.[290] Daher wird es als nicht notwendig angesehen, neben der bereits durchgeführten Analyse der Reifegradmodelle, eine höhere Anzahl von Experten hinzuzuziehen. Die Wahrung der **Repräsentativität** wird dadurch sichergestellt, dass die Experten aus verschiedenen Branchen und Altersgruppen stammen.[291] In Tabelle 12 sind die Details zu den Experten in den jeweiligen Spalten erläutert.

Name	Berufliche Tätigkeit	Unternehmen	Erfahrungen im MPM
Andreas Neumann	Berater Digital Consulting	DB Systel AG	Beratung im Bereich MPM
Dieter Geckler	Fachexperte	GPM	langjährige Berufserfahrung im Bereich MPM bei VW: Fokus auf Forschungs- und Digitalisierungsportfolios, Publikation im Bereich PM, Mitglied Regionalleitung GPM
Frank Ötschläger	IT Multi Project Assurance	DB Cargo AG	langjährige Berufserfahrung im MPM, Zertifizierung GPM
Guido Bacharach	Leiter Strategie und Digitalisierung	Stiftung für Hochschulzulassung	Veröffentlichungen im Bereich MPM, langjährige Berufserfahrung im MPM mit Schwerpunkt auf IT-gestützte Geschäftsprozesse, Lehrveranstaltungen zum Thema MPM

Name	Berufliche Tätigkeit	Unternehmen	Erfahrungen im MPM
Jadena Bechtel	Wissenschaftliche Mitarbeiterin und Doktorandin	TU Darmstadt, Fachgebiet für Technologie- und Innovationsmanagement	Forschung im Bereich MPM (z. B. Mitarbeit 9. MPM-Studie)
Joachim Rottluf	Geschäftsführer, Unternehmensberater	Excellence-Center-Nürnberg GmbH	langjährige Berufserfahrung im Bereich MPM, Beratung von Kunden mit Multiprojektumgebungen, Regionalleitung GPM Nürnberg
Michael Royar	Geschäftsführer, Lehrtätigkeit	eXirius GmbH	langjährige Erfahrung MPM, Regionalleitung GPM
Peter Donath	Projektmanager Officer	Würth IT	langjährige Erfahrung MPM, Mitglied Regionalleitung GPM
Philipp Pohl	Professor, Studiengangsleitung Wirtschaftsinformatik	DHBW Karlsruhe	Forschung im Bereich MPM
Roman Stöger	Professor	FH Kufstein Tirol	langjährige Berufserfahrung, Forschung im Bereich Projektmanagement Dozent Universität St. Gallen

Name	Berufliche Tätigkeit	Unternehmen	Erfahrungen im MPM
Sascha Kwasnick	Professor, Studiengangsleitung BWL-Versicherung	DHBW Mannheim	Veröffentlichung Fachbuch zum MPM, Dozent PM / MPM
Timm Eichenberg	Dozent	HSW Hochschule Weserbergland	Forschung im Bereich MPM. Vorlesungen MPM
Wolfgang Dietz	Project Management Office	IB-Solution	langjährige Berufserfahrung, GPM-Qualifizierung

Tabelle 12: Beschreibung Experten

4.3.2 Durchführung der Interviews

Die Realisierung der systematisierenden Experteninterviews[292] fand digital per Microsoft Teams im Zeitraum von Anfang bis Mitte Mai 2023 statt. Mithilfe eines **Leitfadens** wurden im Rahmen der Interviews strukturiert[293] die verschiedenen Bereiche des MPMs und der Modellierung des Reifegradmodells abgefragt. Dadurch konnten freie Antworten[294] und dass keine wichtigen Bereiche der Thematik übersehen werden[295] sichergestellt werden. Zudem trug das Vorgehen dazu bei, Rückfragen[296] und daraus resultierend auch flexible Antwortmöglichkeiten und die Chance von ergänzenden Hinweisen zur Thematik zu gewährleisten. Auch wurde die anschließende Auswertung der Ergebnisse durch den Leitfaden erleichtert.[297]

---

[292] Vgl. Bogner, A./ Menz, W. (2005a): S. 37.

[293] Vgl. Kaiser, R. (2021): S. 38 und Liebold, R./ Trinczek, R. (2009): S. 39.

[294] Vgl. Bosk, J. (2022): S. 224, Kaiser, R. (2021): S. 34 und Liebold, R./ Trinczek, R. (2009): S. 39.

[295] Vgl. Bogner, A./ Menz, W. (2005a): S. 33, Bosk, J. (2022): S. 224 und Liebold, R./ Trinczek, R. (2009): S. 39.

[296] Vgl. Bogner, A./ Littig, B./ Menz, W. (2014): S. 29, Döring, N./ Bortz, J. (2016): S. 372 und Eusterholz, M./ Landgraf, A./ Multhaupt, G. (2022): S. 422.

[297] Vgl. Kaiser, R. (2021): S. 38 und Liebold, R./ Trinczek, R. (2009): S. 39.

Der Interviewleitfaden wurde auf Grundlage der Forschungsfrage erstellt.[298] Dabei wurden die Fragen in drei Blöcke unterteilt.[299] Zuerst wurden Fragen zur zur **Person** gestellt.[300] Dadurch soll sichergestellt werden, dass der Experte über die notwendigen Voraussetzungen und Kompetenzen verfügt. Diesem Fragenkomplex folgte ein Block mit Fragen zum **MPM**.[301] Zuerst wird nach dem Verständnis zum MPM gefragt. Dieses dient der Absicherung, dass der Experte tatsächlich Fachwissen zum Thema MPM aufweist und eine weitstegehend einheitliche Auffassung zur Definition des MPM besteht. Daran schließen Fragen zu den Herausforderungen und Einflussfaktoren des MPMs an, um hieraus Informationen zu zusätzlichen Anforderungen und Besonderheiten des MPMs abzuleiten. Der dritte und letzte Themenabschnitt umfasst die **Reifegradmodellierung**.[302] Im Rahmen dieses Fragenblocks werden zunächst konkret inhaltliche und konzeptionelle Anforderungen und die Ansprüche des MPMs in Bezug auf das Reifegradmodell abgefragt. Im Anschluss daran werden dann Fragen zur Struktur gestellt, um daraus Hinweise zur Modellierung und dem Aufbau des zu erstellenden Reifegradmodells für das MPM zu gewinnen. Dabei wurden die Anzahl der Stufen, die Dimensionen und die Bewertung fokussiert. Zuletzt wird erfragt, welche weiteren inhaltlichen Punkte in die Reifegradeinordnung einbezogen werden sollen.

Zur Überprüfung der Durchführbarkeit und der Tauglichkeit des Leitfadens wurde vorab ein **Probeinterview** realisiert.[303] Dieses diente dazu, den Ablauf zu überprüfen, die erforderliche Zeitdauer zur Umsetzung abzuschätzen und einzelne Veränderungen am Leitfaden vorzunehmen.[304] Überdies wurde dadurch gewährleistet, dass Fragen klar formuliert und verständlich waren.[305] Vor der Durchführung aller Interviews wurde das Einverständnis zur Aufzeichnung und Datenverwendung eingeholt.. Währenddessen wurden die Antworten aufgenommen und im Nachgang mithilfe von Microsoft Word transkribiert.

---

[298]   Vgl. Anhang J: Interviewleitfaden.
[299]   Vgl. Anhang J: Interviewleitfaden.
[300]   Vgl. Anhang J: Interviewleitfaden.
[301]   Vgl. Anhang J: Interviewleitfaden.
[302]   Vgl. Anhang J: Interviewleitfaden.
[303]   Vgl. Gläser, J./ Laudel, G. (2010): S. 146, Harsch, M. (2018): S. 57 und Schmidt, C. (1997): S. 550.
[304]   Vgl. Gläser, J./ Laudel, G. (2010): S. 146 und Schmidt, C. (1997): S. 550.
[305]   Vgl. Gläser, J./ Laudel, G. (2010): S. 146 und Harsch, M. (2018): S. 57.

4.4   Auswertung der Experteninterviews

Um die Experteninterviews für die Reifegradmodellierung verwenden zu
können, müssen zunächst die Ergebnisse aggregiert werden. Bezüglich der
Auswertung ist zuerst der Genauigkeitsgrad zu definieren.[306] Aus Umfangsgründen werden emotionale Aspekte wie Versprecher nur am Rande betrachtet.[307] Statt des schrittweisen Zusammenfassens der Interviews[308] wird
im Rahmen dieser Arbeit zur Auswertung das Verfahren der **Codierung** verwendet.[309] Dabei erfolgt die Auswertung kategorienbasiert, d. h., Textpassa-
gen werden für die Auswertung relevanten Kategorien zugeordnet.[310] Diese
Kategorien verfolgen den Zweck, die Antworten zu strukturieren, um die
Analyse zu vereinfachen.[311] Aus der sich daraus ergebenden Fallübersicht
kann die Häufigkeit der Antworten und folglich auch die Relevanz der einzelnen Ergebnisse abgeleitet werden.[312]

Die Ergebnisse werden mit Hilfe der **qualitativen Inhaltsanalyse** nach Mayring, P. (2016) ausgewertet.[313] Dieser Ansatz wird gewählt, da diese im Vergleich zu derjenigen von Kuckartz, U. et al. (2009) weitere Unterkategorien
bildet.[314] Somit ist aufgrund der reduzierten Datenmenge eine gezieltere Beantwortung der Forschungsfrage möglich.[315]

Im ersten Schritt der Analyse nach Mayring, P. (2016) wurden im Rahmen der
Festlegung der Analyserichtung die Untersuchungsfragen definiert. Die empirische Untersuchung sollte insgesamt drei **Forschungsfragen** beantworten.
Zuerst die Frage „Wie muss ein MPM ausgestaltet sein, um erfolgreich zu
sein?", zweitens die Frage „Welchen Herausforderungen und Problemen
muss sich ein MPM stellen?" und zum Dritten „Wie sollte das Reifegradmodell zur Messung des Status des MPMs ausgestaltet werden?".

Im zweiten Schritt werden dann zunächst Codes definiert.[316] Dabei werden
anhand der Forschungsfrage induktive Kategorien aufgestellt. Im Rahmen

---

306   Vgl. Flick, U. (2012): 192 f.
307   Vgl. Schmidt, C. (1997): S. 546.
308   Vgl. Mayring, P. (2016): 194 f.
309   Vgl. Kuckartz, U. et al. (2008): S. 77, Kuckartz, U. et al. (2009): S. 76 und Kuckartz, U. (2010):
       S. 57.
310   Vgl. Kuckartz, U. et al. (2009): S. 76, Früh, W. (2017): S. 152 und Kuckartz, U. (2010): S. 57.
311   Vgl. Kuckartz, U. et al. (2009): S. 76 und Weber, S. T./ Wernitz, F. (2021): S. 6.
312   Vgl. Schmidt, C. (1997): S. 544.
313   Vgl. Mayring, P. (2016): S. 12.
314   Vgl. Kaiser, R. (2021): 107 f. und Mayring, P. (2016): S. 60.
315   Vgl. Mayring, P. (2016): S. 62 und Weber, S. T./ Wernitz, F. (2021): S. 6.
316   Vgl. Mayring, P. (2016): S. 68, Weber, S. T./ Wernitz, F. (2021): S. 8.

der Analyse kann es dann zur Bildung von deduktiven Kategorien kommen, beispielsweise, wenn ein Experte bisher nicht erwähnte Themen anspricht.[317] Für jeden Code werden **Kodierregeln** mit Beispielen festgehalten.[318] Bezüglich der Experteninterviews wurden orientiert an dem Interviewleitfaden und an den Fragen die in Tabelle 13 dargestellten Kategorien gebildet. Dabei stellt lediglich die Kategorie „Institutionalisierung" eine deduktive Kategorie dar, weil dieses Thema im Laufe der Interviews erwähnt wurde, wobei auch die im Verlauf der Auswertung gebildeten Unterkategorien deduktive Punkte darstellen. Davor fand in verknappter Form eine Reduzierung des Textes mithilfe von Filtern statt.[319]

---

[317] Vgl. Freistühler, S. et al. (2019): S. 63, Kaiser, R. (2021): S. 107 und Mayring, P. (2016): S. 67.
[318] Vgl. Mayring, P. (2016): S. 88 und Weber, S. T./ Wernitz, F. (2021): S. 10.
[319] Vgl. Anhang J: Interviewleitfaden, Mayring, P. (2016): S. 29 und Weber, S. T./ Wernitz, F. (2021): S. 7.

Code	Regel der Codie-rung	Beispiel
Institu-tionali-sierung	Äußerungen zur Einordnung des MPMs im Unter-nehmen	„Ich glaube, wichtig ist es, dass man eine zentrale Abteilung hat, die dieses MPM steuert und verantwortet."
Aufga-ben	Äußerungen zum Aufgabenumfang des MPMs	„Das MPM hat da im Sinne der übergreifenden Thematiken und der Ausrichtung und der Steuerung auch all diese Projekte möglichst gut so weit zu harmonisieren und zu steuern."
Kompe-tenzen	Äußerungen zu persönlichen / fachlichen Fähig-keiten Mitarbeiter	„Mitarbeiter müssen koordinieren können und ein breites Verständnis für komplexe Sachverhalte haben."
Prob-lembe-reiche	Äußerungen zu Problemen von Mehrprojektsitua-tionen	„Also unser Problem beim MPM sind die beschränkten Ressourcen."
Heraus-forde-rungen	Äußerungen zu Herausforderun-gen des MPMs	„Die Herausforderung liegt darin, dass jemand die Gesamtverantwortung übernimmt."
Einfluss-fakto-ren	Äußerungen zu in-ternen / externen Einflussfaktoren	„Also einmal die Digitalisierung."
Erfolgs-fakto-ren	Äußerungen zu Faktoren, die Ein-fluss auf den Erfolg des MPMs haben	„Ein weiterer Erfolgsfaktor liegt dann noch in den Kompetenzen der Mitarbeiter."
Ansprü-che	Äußerungen zu Ansprüchen MPMs	„Ja, vor allem halt die Interdependenzen."

Anfor-derun-gen	Äußerungen zu Anforderungen an Reifegradmodell des MPMs	„Und eine schnelle und einfache An-wendung sollte möglich sein."
Reife-gradstu-fen	Äußerungen zur Anzahl der Reife-gradstufen	„Ich denke, ich würde mal sagen so un-gefähr vier bis fünf Stufen wahrschein-lich."
Dimen-sionen	Äußerungen zur Anzahl und Be-zeichnung der Di-mensionen	„Ja also Finanzen. Und das Organisatori-sche natürlich spielt auch eine Rolle. Und dann natürlich sind die Prozesse zu betrachten und welche Kompetenzen benötige ich."
Reife-grad-mes-sung	Vorschläge für Messmethodiken	„Und relativ schnell anklickbare Frage-bögen, noch besser wäre ja, wenn das Unternehmen entsprechende IT-Sys-teme nutzt."
Verant-wort-lichkei-ten	Äußerungen Zu-ständigkeit der Reifegradeinord-nung	„Also vielleicht alle, die im MPMO arbei-ten oder auch jemand aus einer ent-scheidenden Position oder ein Projekt-leiter."

Tabelle 13: Kodierregeln

Die Ergebnisse der Codierung wurden in einer Excel-Tabelle festgehalten.[320] Dabei wurden für jeden Code die festgestellten Aussagen kategorisiert. Da-nach erfolgte eine **Zuordnung** der **Aussagen** der Experten zu den gebildeten Unterkategorien. Wenn der Experte etwas in Bezug darauf gesagt hat, dann wurde ein „x" in der jeweiligen Spalte gesetzt. Auf eine Gewichtung der Ant-worten, beispielsweise durch Betrachtung des Zeilenumfangs der Beschrei-bung wurde aus Umfangsgründen verzichtet. Dadurch ist ein **quantitativer Vergleich** möglich, welche Antworten wie oft genannt wurden. Je mehr Ex-perten die Antwort nannten, umso größere Relevanz hatte das Ergebnis.

Bei allen Interviews war auffällig, dass bei keinem Experten Pausen im gro-ßen Umfang vorlagen und nur selten Rückfragen gestellt wurden. Dies lässt darauf schließen, dass die Experten ihre Meinung konsequent vertreten und

---

[320]   Vgl. Anhang L: Auswertung Experteninterviews.

Erfahrungen in dem Fachgebiet aufweisen, da sie selbstsicher antworteten. Die Experten **bestärken** die **Notwendigkeit** eines **Reifegradmodells**, da der Großteil mit dem MPM im Unternehmen unzufrieden ist. Auch fällt auf, dass die Experten alle einen Nutzen in der Verwendung von Reifegradmodellen sahen, um den aktuellen Stand und Möglichkeiten der Verbesserung des Status quo aufzuzeigen. Somit wird das Erfordernis zur Erstellung eines Reifegradmodells gestärkt.

5 Konzeptionierung des Reifegradmodells für das Multiprojektmanagement

Auf Basis der Erkenntnisse der Analyse der bestehenden Reifegradmodelle und der Ergebnisse der Experteninterviews wird das Reifegradmodell für das MPM in vier Schritten konstruiert. Es werden zuerst die Reifegradstufen, als Zweites die Dimensionen und als Drittes die Messmethodik definiert. Zuletzt erfolgt eine Evaluierung des Modells.

5.1 Festlegung der Reifegrade

Zur Bestimmung der Reifegradstufen werden neben den bereits bestehenden Reifegradmodellen die Meinungen der Experten herangezogen. Die Bewertung der bereits bestehenden Reifegradmodelle hat gezeigt, dass diese zwischen **vier bis fünf Reifegradstufen** aufweisen. Dieses gibt Hinweise darauf, dass das neu aufgestellte Reifegradmodell auch aus vier bis fünf Reifegradstufen bestehen wird.

Zur Entscheidung, ob das Modell mit vier oder fünf Reifegradstufen konzipiert werden soll, werden die Ergebnisse der Experteninterviews herangezogen. Acht der 13 Experten halten vier bis fünf Reifegradstufen für sinnvoll.[321] Dabei nannten drei der 13 Experten exakt die Anzahl fünf[322], nur eine Person lediglich die Anzahl vier.[323] Auf eine größere Anzahl an Stufen verwies lediglich ein Experte. Auch die Modellierung von maximal vier Stufen wurde lediglich von zwei Experten adressiert. Daher fällt die Wahl auf ein **Fünf-Stufen-Modell**.

Die Reifegrade schließen sich gegenseitig nicht aus, sondern stellen aufeinander aufbauende Stufen dar. Das Modell beschreibt somit einen **Entwicklungspfad**, bei dem durch Handlungsempfehlungen eine höhere Stufe erreicht werden kann. Dabei werden Teile der bestehenden Reifegradmodelle in ein Reifegradmodell für das MPM zusammen aggregiert. Da die bestehenden Reifegradmodelle bisher kaum die inhaltlichen Anforderungen erfüllen, müssen inhaltliche Punkte durch die Hinweise der Experten ergänzt werden.

Dabei stellt der erste Reifegrad einen „**MPM-Initiierer**" dar. Auf dieser Stufe ist bisher kein MPM im Unternehmen etabliert. Der Fokus richtet sich

---

[321]   Vgl. Anhang L: Auswertung Experteninterviews.

[322]   Vgl. Anhang L: Auswertung Experteninterviews.

[323]   Vgl. Anhang L: Auswertung Experteninterviews.

momentan lediglich auf das Einzelprojektmanagement. Interdependenzen und Abhängigkeiten zwischen den Projekten werden bisher außen vor gelassen. Es fehlt an einer übergeordneten Steuerung und Planung der Projekte. Somit sind auch noch keine MPM-Prozesse vorhanden. Dementsprechend erfolgt lediglich eine Steuerung auf der Ebene des Einzelerfolgs des Projektes. Es bestehen lediglich IT-Systeme für das PM. Daneben verfügen die Mitarbeiter noch über keine Kompetenzen in Hinblick auf die besonderen Ansprüche des MPMs.

In der zweiten Stufe „**MPM-Beginner**" werden erste Ansätze eines MPMs im Unternehmen etabliert. Unter anderem aufgrund von Ressourcenkonflikten werden sporadisch innerhalb der Projektteams einzelne Abhängigkeiten betrachtet. Somit besteht noch keine eigene Stabsstelle beziehungsweise Abteilung für das MPM im Unternehmen. Eine Ressourcenverteilung auf die Projekte erfolgt, jedoch unabhängig von der Unternehmensstrategie. Im Vordergrund stehen lediglich die einzelnen Projekte, wobei die jeweiligen Projektleiter nur den Erfolg des einzelnen Projektes betrachten. Entscheidungen werden ohne bestimmtes Vorgehen und fallbezogen getroffen, wodurch Priorisierungsentscheidungen nicht zwingend nachvollziehbar sind. Es liegen noch keine Instrumente speziell für die Mehrprojektsituationen vor. Die Mitarbeiter entwickeln ein erstes Verständnis für die Abhängigkeiten der Projekte. Die komplexen Zusammenhänge werden jedoch nur begrenzt verstanden.

In der dritten Reifegradstufe agiert das Unternehmen als „**MPM-Integrierer**", sodass zunehmend ein MPM im Unternehmen gelebt wird, um Projektportfolios übergreifend zu planen und zu steuern. Dabei bietet das MPM nun den Projektteams eine Unterstützung in Bezug auf die Mehrprojektsituationen. Es werden Prozesse für das MPM definiert, mithilfe dessen auch Priorisierungsentscheidungen nachvollziehbar werden. Dadurch werden größtenteils die Abhängigkeiten zwischen den Projekten betrachtet. In dieser Stufe sollten die Prozesse organisationsweit einheitlich ablaufen. Die Mitarbeiter verschärfen ihr Wissen in Bezug auf die Abhängigkeiten und Prozesse eines MPMs. IT-Systeme bestehen jedoch bisher nicht, es läuft alles analog ab.

Die vierte Reifegradstufe „**MPM-Manager**" zeichnet sich dadurch aus, dass eine eigenständige MPM-Abteilung besteht, die umfassend die Steuerung und Planung der Mehrprojektsituationen übernimmt. Dabei wird im Rahmen der Abteilung auch ein MPM-Leiter definiert, der die vollständige Verantwortung trägt und Priorisierungsentscheidungen trifft. Zudem werden weitere

Verantwortlichkeiten definiert und Aufgaben und Rollen im Rahmen des MPM-Prozesses zugeordnet. Folglich wird dadurch ein Erfolg des gesamten Projektportfolios in den Fokus genommen. Das MPM trifft Entscheidungen und verteilt Ressourcen im Sinne der Unternehmensstrategie. Es werden Daten, auch im Rahmen von Kennzahlen, aufbereitet und an die Projektteams kommuniziert. Über die Kennzahlen sollen die Projekte gemonitort werden. Die Mitarbeiter des MPMs verfügen über Kenntnisse bezüglich der Steuerung von Projektportfolios und können aufgrund einer hohen Analysefähigkeit auch die Abhängigkeiten erfassen. Es bestehen erste einfache IT-Systeme.

In der letzten, der fünften Reifegradstufe, wird das Unternehmen als „**MPM-Experte**" beschrieben, da ein ausgereiftes MPM im Unternehmen etabliert ist. Die bestehenden MPM-Prozesse werden regelmäßig überprüft und optimiert. Somit wird das MPM permanent verbessert. Die Projektumwelt wird überwacht, sodass eine Anpassung an geänderte Rahmenbedingungen jederzeit erfolgen kann. Die Mitarbeiter können die komplexe Umwelt und Projektsituationen aufgrund ihrer hohen Kompetenzen im Bereich Steuerung und Analyse vollumfänglich erfassen. Damit sind sie sich den Abhängigkeiten zwischen den Projekten bewusst. Durch Weiterbildungsangebote werden die Mitarbeiter geschult, um ihr Wissen zu erweitern. Die im Unternehmen integrierten IT-Tools zur Steuerung der Mehrprojektsituationen werden weiterentwickelt und ganzheitlich im Unternehmen eingeführt.

5.2   Festlegung der Dimensionen

Die bestehenden Reifegradmodelle weisen Unterschiede bezüglich der Dimensionen auf. Bei einem Modell erfolgt lediglich eine eindimensionale Betrachtung. Andere hingegen verfügen über verschiedene Dimensionen. Um die Dimensionen für das neue Reifegradmodell festlegen zu können, wurde ebenfalls auf die Ergebnisse der empirischen Untersuchung zurückgegriffen. Dabei waren sich drei Experten einig, dass tendenziell eher weniger Dimensionen verwendet werden sollten.[324] Lediglich ein Experte verwies darauf, dass so viele Dimensionen wie möglich verwendet werden sollten, da dadurch eine höhere Differenzierung möglich wäre. Die Mehrheit, sieben der 13 Experten, halten vier bis fünf Dimensionen für angemessen. Eine weitere Person verwies auf drei bis fünf Stufen.[325] Nur ein Experte würde eine

---

[324]   Vgl. Anhang L: Auswertung Experteninterviews.
[325]   Vgl. Anhang L: Auswertung Experteninterviews.

geringere Differenzierung mit drei Dimensionen vornehmen.[326] Dieses ist jedoch als Einzelmeinung anzusehen, zumal er seine Ansicht auch unbegründet ließ. Um eine hinreichende Differenzierung zu gewährleisten und somit den Hinweis des Experten mit der Ansicht nach höchstmöglicher Trennung aufzugreifen, fällt die Wahl auf **fünf Dimensionen**, um nicht zu komplex zu werden. Damit liegt die Anzahl innerhalb des von den meisten Experten empfohlenen Umfangs.

Bezüglich der **Benennung** der Dimensionen wurde auf die Ergebnisse der Experteninterviews zurückgegriffen. Hierdurch wurden die Punkte Organisation, Strategie, Prozesse, Kompetenzen, Ressourcen, Finanzen und Technologien als relevant identifiziert.[327] Hinsichtlich der Modellierung erfolgt eine Beschränkung auf fünf am häufigsten genannten Dimensionen. Somit besteht das Reifegradmodell aus den fünf Dimensionen Organisation, Prozesse, Kompetenzen, Ressourcen und Technologien.[328] Die Dimensionen Strategie und Finanzen werden aufgrund der Nennung in lediglich drei der 13 Interviews nicht als gleichermaßen relevant angesehen, da die Mehrheit der Experten nicht darauf verwiesen hat.[329]

Bei der Dimension „**Organisation**" liegt eine Voraussetzung darin, dass bereits ein Einzelprojektmanagement im Unternehmen betrieben wird. Daher werden bisher keine Abhängigkeiten zwischen den Projekten betrachtet. Hinsichtlich der Institutionalisierung des MPMs empfehlen Experten eine eigenständige Abteilung, die übergeordnet Entscheidungen treffen darf.[330]

Bezüglich der Dimension „**Prozesse**" raten die Experten, unternehmenseinheitliche Prozesse zu etablieren.[331] Diesbezüglich sollten unter anderem Planungs-, Steuerungs- und Priorisierungsprozesse definiert werden. Ziel soll dabei eine einheitliche Umsetzung des MPMs sein. Im weiteren Vorgehen sollte die Einhaltung der Prozesse überprüft und Maßnahmen zur Prozessverbesserung identifiziert werden.

Die Dimension „**Kompetenzen**" umfasst die Kenntnisse und Fähigkeiten der Mitarbeiter. Für ein erfolgreiches MPM ist wichtig, dass die Mitarbeiter über spezielle Kenntnisse bezüglich der Steuerung von Mehrprojektsituationen,

---

[326]   Vgl. Anhang L: Auswertung Experteninterviews.
[327]   Vgl. Anhang L: Auswertung Experteninterviews.
[328]   Vgl. Anhang L: Auswertung Experteninterviews.
[329]   Vgl. Anhang L: Auswertung Experteninterviews.
[330]   Vgl. Anhang L: Auswertung Experteninterviews.
[331]   Vgl. Anhang L: Auswertung Experteninterviews.

unter anderem durch Schulungen oder einer Ausbildung in dem Bereich verfügen. Ferner stellen Experten verschiedene persönliche und fachliche Anforderungen an die Mitarbeiter. Zum einen sollten diese ein Verständnis für komplexe Sachverhalte mitbringen und die Projekte koordinieren können. Dazu ist eine hohe Analysefähigkeit nötig. Zum anderen sollten sie sich durch Kommunikationsstärke und Teamfähigkeit auszeichnen. Ein dritter relevanter Punkt ist die Erfahrung der Mitarbeiter.

Die weitere Dimension „**Ressourcen**" umfasst die Ressourcenverteilung. Aufgrund der Ressourcenknappheit kommt es zur Konkurrenz zwischen den Projekten.[332] Daher müssen die Projekte priorisiert und anhand der Ressourcen verteilt werden.[333] Zunächst ist dafür wichtig zu wissen, welches Projekt welche Ressourcen wann benötigt. Drei Experten raten explizit dazu, einen standardisierten Prozess einzuführen.

Zuletzt bilden die „**Technologien**" eine weitere Dimension des Reifegradmodells. Für den Erfolg des MPMs ist es maßgeblich, dass im Unternehmen spezielle IT-Systeme bestehen. Diese sollen bei der Planung und Steuerung der Projektportfolios unterstützen und Verknüpfungen zwischen den Projekten aufzeigen.

Die Reifegradstufen und Dimensionen sind in der nachfolgenden Abbildung 7 dargestellt.

---

[332]   Vgl. Gemünden, H. G./ Klock, A. (2022): S. 150, Kunz, C. (2007): S. 11, Kwasniok, S. (2007): 17 f. und Pritsker, A. A. B./ Watters, L. J./ Wolfe, P. M. (1969): S. 107.

[333]   Vgl. Gemünden, H. G./ Klock, A. (2022): S. 150, Kwasniok, S. (2007): 17 f. und Pritsker, A. A. B./ Watters, L. J./ Wolfe, P. M. (1969): S. 96.

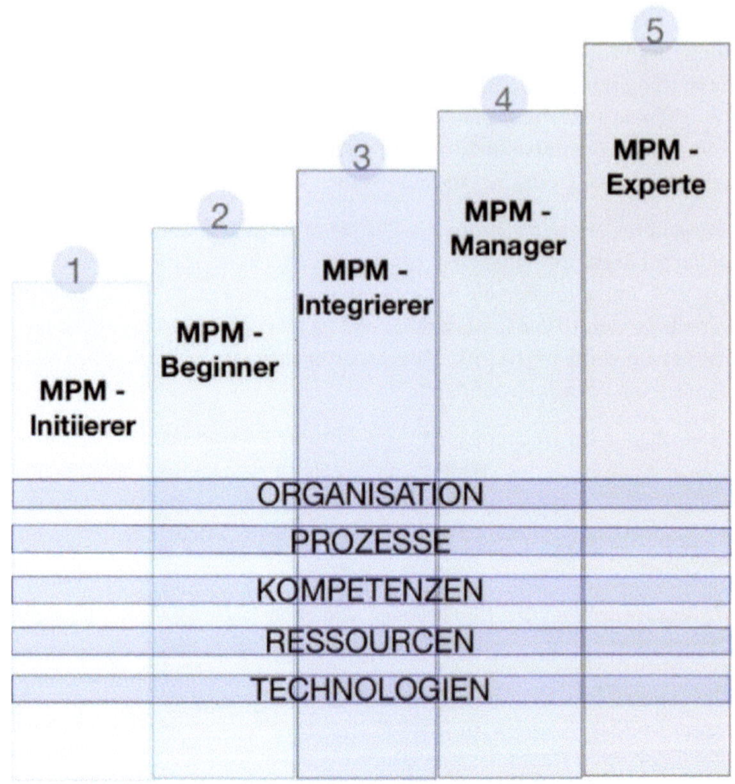

Abbildung 7: Reifegradmodell für das MPM

5.3 Festlegung der Bewertungskriterien und Messwerte

Die ausgewählten Experten hielten zwei verschiedene Bewertungsmethoden für denkbar. Zum einen die interne Bewertung, bei der die Einordnung durch eine Selbstbewertung erfolgt. Zum anderen die externe Bewertung durch eine externe Beratungsfirma. Dabei bevorzugten alle **Experten** die **Selbsteinschätzung**.[334] Lediglich ein Experte hielt es für sinnvoll, gegebenenfalls zur Unterstützung einen externen Berater heranzuziehen.[335]

---

[334]　Vgl. Anhang L: Auswertung Experteninterviews.
[335]　Vgl. Anhang L: Auswertung Experteninterviews.

Desgleichen zeigte bereits die **Analyse** der **Reifegradmodelle**, dass in den meisten Fällen eine **Selbsteinschätzung** bevorzugt wird. Folglich fällt für dieses Reifegradmodell auch die Wahl der Messmethodik auf die Selbstbewertung.

Auf Grundlage dessen ist zu definieren, wer im Unternehmen die Selbsteinschätzung durchführt. Dabei zeigten die Ergebnisse der Experteninterviews, dass dort vor allem neben dem Projektleiter auch andere **Mitglieder** des **Projektteams**, das PMO und der MPM-Leiter in Betracht kommen.[336] Da das Reifegradmodell eine schnelle Anwendung garantieren soll, wird der Projektauftraggeber herausgenommen, da durch seine Einbeziehung ein höherer Abstimmungsbedarf im Vergleich zu den anderen Methoden entstehen würde. Auch wurde die Berücksichtigung des Auftraggebers lediglich von einem Experten benannt, sodass es als Einzelmeinung anzusehen ist.[337]

Für die Wahl zwischen den anderen Beteiligten ist zu beachten, dass die Personen, die das Wissen für die Beantwortung der Fragen haben, am ehesten im operativen Bereich liegen. Somit sind diese bei den jeweiligen Projektteams und dem Projektleiter einzuordnen. Am besten ist die Einordnung jedoch vom Projektleiter vorzunehmen, da dieser weisungsbefugt ist und die Verantwortung über die Projekte trägt. Zudem hat dieser den besten Überblick über sein Projektportfolio. Jedoch ist dort die Gefahr zu berücksichtigen, dass die Einordnung subjektive Einflüsse und die Tendenz zur zu „positiven" Bewertung hat. Daher empfehlen sechs der 13 Experten den Einsatz von zusätzlichen **Kontrollpersonen**, beispielhaft aus dem PMO, welche auch unterstützend tätig werden können.[338]

Zudem wird empfohlen, dass dem PMO im Rahmen der Einordnung eine Unterstützungsfunktion zukommt. Zusammenfassend sollte die Selbsteinschätzung durch den Projektleiter, gegebenenfalls mit Hilfe und Zuarbeit durch das Projektteam, und durch das PMO geschehen.

Hinsichtlich der Reifegradeinordnung empfehlen sechs Experten explizit **einfache Kriterien** zu verwenden.[339] Auch wird vereinzelt zum Einbezug von **Finanzkennzahlen** und qualitativen Daten geraten.

---

[336]   Vgl. Anhang L: Auswertung Experteninterviews.
[337]   Vgl. Anhang L: Auswertung Experteninterviews.
[338]   Vgl. Anhang L: Auswertung Experteninterviews.
[339]   Vgl. Anhang L: Auswertung Experteninterviews.

Der größte Teil der Experten, sieben der 13, rät dabei zur Form von **Fragebögen**.[340] Auch Checklisten würden sich nach Ansicht von vier Experten zur Einordnung eignen.[341] Als weitere Formen werden von einem Experten Interviews und Workshops genannt.[342] Da die zuletzt erwähnten Formen ein sehr zeitintensives Vorgehen darstellen und aufgrund des engen Terminplanes der beteiligten Personen die Terminfindung aufwendig sein wird, werden diese Möglichkeiten vernachlässigt. Auch scheint die Relevanz der Erhebungsformen nicht so groß, weil diese lediglich von einem der 13 Experten genannt wurde. Dementsprechend erfolgt die Einordnung mithilfe von Fragebögen.

Der erste einfache Fragebogen wird auf Grundlage der bereits bestehenden Reifegradmodelle und auf Basis der Ergebnisse der Experteninterviews entwickelt.[343] Im Unternehmen empfiehlt es sich, dieses so IT-basiert wie möglich zu gestalten, sodass eine schnelle Reifegradbestimmung möglich ist.[344] Durch die Beantwortung der Fragen ordnet das System dann das MPM für jede Dimension in einen Reifegrad ein. Die Fragen werden ausgewertet und es wird für jeden Reifegrad in jeder Dimension ein entsprechender Zustand beschrieben. Durch die Einordnung in den Reifegrad ist es dann für Unternehmen möglich, **Verbesserungsmaßnahmen** auf Grundlage von gegebenen **Handlungsempfehlungen** umzusetzen. Durch die Umsetzung der einzelnen beispielhaften Handlungsempfehlungen ist es für Unternehmen möglich, eine höhere Reifegradstufe zu erreichen. Dieser Zusammenhang ist in der nachfolgenden Tabelle 14: Reifegradeinordnung für das MPM dargestellt.

---

[340]   Vgl. Anhang L: Auswertung Experteninterviews.
[341]   Vgl. Anhang L: Auswertung Experteninterviews.
[342]   Vgl. Anhang L: Auswertung Experteninterviews.
[343]   Vgl. Anhang M: Fragebogen zur Reifegradeinordnung.
[344]   Vgl. Anhang L: Auswertung Experteninterviews.

	Organisation	Prozess	Kompetenzen	Ressourcen	Technologien
1. MPM-Initie-rer	Keine selbstständige Abteilung. Bisher Projektmanagement durch Projektteams. Keine übergeordnete Planung und Steuerung des Projektportfolios.	Es bestehen keine MPM-Prozesse.	Projektmanagementkenntnisse ohne spezielles Wissen zum MPM. Kein Bewusstsein von Abhängigkeiten zwischen den Projekten.	Willkürliche Ressourcenaufteilung. Unabhängig von strategischem Ziel. Kein existierendes Verfahren zur sinngemäßen Ressourcenverteilung auf Projekte. Späte Erkennung Ressourcenengpässe. Es besteht keine Übersicht, welches Projekt welche Ressource wann benötigt.	Standardsystem fürs Projektmanagement bestehen. Diese ermöglichen keine übergreifende Planung und Steuerung mehrerer Projekte.
2. MPM-Begin-ner	Erste Aufnahme einzelner MPM-Aspekte. Betrachtung von Projektabhängigkeiten durch die Projektteams.	Es bestehen keine MPM-Prozesse. Es wird individuell vorgegangen. Gegebenenfalls Orientierung an alten Vorgehensweisen, sodass	Neben Projektmanagementkenntnisse erstes Bewusstsein für Abhängigkeiten der Projekte. Nur begrenztes Verständnis der komplexen Zusammen-hänge.	Es bestehen einfache Kriterien zur Ressourcenaufteilung. Diese sind undurchsichtig und unabhängig von Unternehmensstrategie.	Standardsysteme fürs Projektmanagement bestehen. Diese werden versucht, für das MPM zu nutzen, jedoch nur

	Organisation	Prozess	Kompetenzen	Ressourcen	Technologien
		Entscheidungen ähnlich ablaufen.			eingeschränkt möglich.
3. MPM-Integrierer	Einführung einer ersten separaten MPM-Stelle, die oft noch keine eigenständige Abteilung darstellt. Somit Betrachtung von Abhängigkeiten zwischen den Projekten.	Definition von einheitlichen Prozessen des MPMs. Es stehen unter anderem Planungs-, Steuerungs- und Priorisierungs-prozesse.	Neben Projektmanagementkenntnissen auch einfache Kenntnisse im Bereich MPM. Mitarbeiter verschärfen Wissen bezüglich Abhängigkeiten.	Es besteht ein Prozess zur Ressourcenaufteilung. Es besteht Überblicks, welches Projekt welche Ressource wann benötigt.	Erweiterung der Standardsysteme um Abhängigkeiten zwischen den Projekten. Nur begrenzte Nutzung möglich.
4. MPM-Manager	Exitenz einer eigenständigen MPM-Abteilung, die Planung und Steuerung übernimmt. Exitenz eines MPM-Leiters, der volle	Kontrolle der definierten MPM-Prozesse auf ihre organisationsweite Einhaltung	Neben Projektmanagementkenntnissen auch umfassende Kenntnisse im Bereich MPM. Erfassung der Abhängigkeiten	Ressourcenverteilung nach Maßgabe des Prozesses wird kontrolliert. Überprüfung Übereinstimmung mit Unternehmensstrategie.	Erste einfache IT-Systeme speziell für das MPM werden etabliert.

	Organisation	Prozess	Kompetenzen	Ressourcen	Technologien
	Verantwortung trägt. Rollen und Aufgaben sind definiert.		aufgrund hoher Analysefähigkeit.		
5. MPM Experte	Existenz eines ausgereiften MPMs. Es ist organisationsweit anerkannt und unterstützt die Projektteams.	Kontinuierliche Verbesserung durch Überprüfung und Optimierung.	Neben Projektmanagementkenntnissen auch umfassende Kenntnisse im Bereich MPM. Verständnis für komplexe Zusammenhänge aufgrund überdurchschnittlicher Analysefähigkeit. Aktualisierung von Wissen durch Schulungen	Kontinuierliche Anpassung des Prozesses der Ressourcenaufteilung. Einbezug von geänderten Umwelt- und Rahmenbedingungen.	Weiterentwicklung der MPM IT-Systeme.

Tabelle 14: Reifegradeinordnung für das MPM

5.4 Evaluierung des Reifegradmodells

Um die Relevanz des Reifegradmodells zu evaluieren, kann zum einen eine Überprüfung durch den **beispielhaften Praxiseinsatz** geschehen. Mithilfe des Reifegradmodells sollte sich eine Testperson einordnen und Maßnahmen zur Verbesserung ableiten. Dazu füllte ein Verantwortlicher den Fragebogen aus.[345] Dabei fiel auf, dass das Ausfüllen lediglich 15 Minuten in Anspruch nahm, da die meisten Informationen sofort verfügbar waren. Somit eignet sich dieses Befragungsinstrument zur ersten, schnellen Bestimmung des Reifegrads. Die Auswertung ergab die im ⬚ dargestellte Einordnung zum Stand des MPMs. Dabei wurde der Bereich, in dem das MPM einzuordnen ist, farblich markiert.[346] Mithilfe der Einordnung und der Übersicht der Handlungsempfehlungen war für die Verantwortlichen klar, welche Verbesserungsmaßnahmen sie anstoßen können, um das MPM zu verbessern.[347]

Zum anderen ist eine Überprüfung durch die Bewertung der **Erfüllung** der **allgemeinen** und **inhaltlichen Anforderungen** möglich. Dabei wird die Erfüllung der Anforderungen des Bewertungskatalogs überprüft. Dieses ist in den folgenden Tabelle 17 dargestellt.

Anforderung	Merkmal	Erfüllung	Begründung
Zielsetzung	Problem	ja	mithilfe des Modells kann der Status des MPMs im Unternehmen gemessen werden
	Unabhängigkeit	ja	unabhängig von Unternehmensgröße und -branche entwickelt, somit ist eine übergreifende Anwendung möglich
	Gegenwärtigkeit	ja	Validität wird durch Einbezug der Analyse bestehender Modelle und durch Expertenmeinungen sichergestellt

---

345   Vgl. Anhang O: Beispiel ausgefüllter Fragebogen zur Reifegradeinordnung.

346   Vgl. Anhang P: Reifegradeinordnung Beispielunternehmen.

347   Vgl. Anhang M: Fragebogen zur Reifegradeinordnung, Anhang N: Reifegradmodell Handlungsempfehlungen und Anhang Q: Handlungsempfehlungen Beispielunternehmen.

Anforde-rung	Merkmal	Erfül-lung	Begründung
Aufbau	Systematik	ja	fünf Reifegradstufen
	Bezeichnung	ja	durch Stufenbezeichnung wird die Leistungssteigerung ersichtlich
	Dimensionen	ja	Betrachtung in fünf Dimensionen
	Detaillie-rungsgrad	ja	durch hohe Anzahl an Stufen und Unterteilung in Dimensionen wird angemessene Detaillierung sicher-gestellt
Verwen-dung	Anwender-freundlich-keit	ja	durch Bewertungsmodell ist struk-turierte Einordnung möglich, Fra-gebogen ist verständlich und ein-fach gehalten
	Schnelligkeit	ja	durch Fragebogen ist schnelle Ein-ordnung möglich
	Verständlich-keit	ja	durch genaue Beschreibungen ist Einordnung verständlich
	Dokumenta-tion	ja	Dokumentation der Durchführung erfolgt
	Kosten / Nut-zen	ja	durch Selbsteinschätzung entste-hen nur geringe Kosten
	Messbarkeit	ja	Messprozess ist mit Ja/Nein-Skala genau dokumentiert, somit ist Messbarkeit nachvollziehbar
Urteils-kraft	Ganzheitli-cher Über-blick	ja	Betrachtung in fünf verschiedenen Dimensionen
	Selbstein-schätzung	ja	Einschätzung erfolgt intern

Anforde-rung	Merkmal	Erfül-lung	Begründung
	Vergleichbar-keit	ja	durch einheitliche Ergebnisse ist ein Benchmark möglich, Voraussetzung ist, dass Ergebnisse veröffentlicht werden
	Informations-qualität	ja	es werden Informationen zum Status quo und zu Verbesserungsmöglichkeiten gegeben
	Empfehlungs-Charakter	ja	es werden konkrete Handlungsempfehlungen gegeben, wie man höhere Stufe erreichen kann
Strategie	Klare Definition	ja	Einbezug der Strategie wird betrachtet
	Ableitung Budget	ja	Ableitung des Budgets aus Strategie wird erwähnt
Ziele	Langfristiger Ausgleich	ja	Ausgleich zwischen Projekten wird angestrebt, u. a. durch Priorisierung
	Koordination	ja	Koordinierung der Projekte ist ein Bestandteil
	Ressourcen-aufteilung	ja	Betrachtung durch die Ressourcendimension
Organisa-tion	Institutionali-sierung	ja	Betrachtung im Rahmen der Organisationsdimension
	MPM-Leiter	ja	Einführung eines MPM-Leiters wird betrachtet
	Zuordnung Verantwortlichkeiten	ja	Betrachtung im Rahmen der Organisationsdimension

Anforde-rung	Merkmal	Erfül-lung	Begründung
	Mitarbei-terengage-ment	ja	Maßnahmen zur Steigerung der Mitarbeitermotivation werden betrachtet
	Teamwork	ja	Zusammenarbeit im Team wird beschrieben
	Kompeten-zen	ja	persönliche und fachliche Fähigkeiten werden betrachtet
Umwelt-bedingun-gen	Anpassungs-fähigkeit	ja	äußere Einflussfaktoren werden wahrgenommen und Anpassungsmaßnahmen vorbereitet
	Kundenbe-dürfnisse	ja	Einbezug und Überwachung der veränderten Kundenbedürfnisse
Qualitäts-manage-ment	Informations-qualität	nein	Merkmal nicht erfüllt
	Prozessquali-tät	ja	Einordnung betrachtet Qualitätsmanagement der Prozesse
Prozesse	klare Definition	ja	Betrachtung des Prozessbestands und -dokumentation
	Überprüfung Einhaltung	ja	Überprüfung der Prozessdurchführung enthalten
Unterneh-menskul-tur	Innovations-kultur	nein	ist allgemein aus der Unternehmenskultur abzuleiten, es besteht kein expliziter Verweis
	Risikokultur	ja	Risikobetrachtung durch Monitoring der Veränderungen
	Fehlerkultur	ja	Umgang mit Fehlern und Vermeidung dieser wird betrachtet

Anforde-rung	Merkmal	Erfül-lung	Begründung
Instru-mente	Einsatz spezifischer Software	ja	im Rahmen der Dimension Technologien berücksichtigt
	Vergleichbarkeit der Projekte	ja	durch Einsatz spezieller Tools ist Vergleichbarkeit direkt möglich

Tabelle 17: Erfüllung inhaltlicher Anforderungen Reifegradmodell

Durch die Bewertung wird ersichtlich, dass die Anforderungen „Qualitätsmanagement" und „Unternehmenskultur" **nur teilweise erfüllt** sind und somit Verbesserungsbedarf in Bezug auf diese Kriterien besteht.

Trotz dieses identifizierten Mangels wurde das entwickelte Modell **nicht modifiziert**. Dies ist damit zu begründen, dass nicht alle Anforderungen gleichzeitig erfüllt werden können. Das liegt daran, dass die Anforderungen teilweise konträr zueinander sind. Beispielsweise würde die hundertprozentige Erfüllung eines hohen Detaillierungsgrad dazu führen, dass die Anforderung der schnellen Anwendung eingeschränkt wäre. Somit müssen Abwägungsentscheidungen getroffen werden. Demzufolge ist festzuhalten, dass eine hundertprozentige Erfüllung des Anforderungskatalogs nicht möglich ist.

6 Fazit

Aufgrund der zunehmenden Bedeutung eines MPMs im Unternehmen zur erfolgreichen Umsetzung der Projektportfolios wurde ein Reifegradmodell zur Messung des Status des MPMs entwickelt. Hinsichtlich dessen fand eine Analyse der **vier** relevantesten **Reifegradmodelle** mithilfe von allgemeinen und inhaltlichen Kriterien statt. Da die Analyse gezeigt hat, dass die Reifegradmodelle insbesondere in Bezug auf die Verwendung für das MPM Defizite aufweisen, konnten diese nicht allein zur Konzeptionierung eines neuen Reifegradmodells, speziell für das MPM, herangezogen werden. Folglich wurden im Rahmen einer empirischen Untersuchung durch Experteninterviews zusätzliche Erkenntnisse für die Reifegradmodellierung gewonnen.

Die Untersuchung stellte nochmals heraus, dass die meisten Experten mit dem MPM im Unternehmen unzufrieden sind und deshalb **Verbesserungsbedarf** existiert. Außerdem wurde festgestellt, dass Reifegradmodelle sich eignen, die Einordnung und den Prozess der Leistungssteigerung im Multi Projekt Management zu unterstützen. Auf Basis der Ergebnisse der Experteninterviews wurde ein Reifegradmodell aus fünf Stufen entwickelt, welches den Stand des MPMs im Unternehmen darstellt. Es bildet dabei insgesamt die fünf Dimensionen „Organisation", „Kompetenzen", „Prozesse", „Ressourcen" und „Technologien" ab. Durch den kurzen Fragebogen ist eine erste schnelle Einordnung in einen Reifegrad möglich. Daneben bietet es auch Handlungsempfehlungen, mithilfe derer die Unternehmen die Leistung des MPMs steigern können. Orientiert an den Erfolgsfaktoren wäre eine Erweiterung der Fragen und Empfehlungen denkbar. Eine Überprüfung hat gezeigt, dass dieses Konzept größtenteils die vorab aufgestellten allgemeinen und inhaltlichen Anforderungen erfüllt und somit einen **besonderen Eignungsgrad** für den Einsatz im Unternehmen besitzt.

Ein weitestgehend offener Bereich ist bei den Reifegradmodellen die **empirische Validierung**. Für die erfolgreiche Anwendung wird es notwendig sein, das Aufeinanderfolgen der Entwicklungsstufen nachzuweisen sowie das Erfolgspotential der Maßnahmen bzw. des Erreichens einer höheren Stufe.[348]

Eine **Erweiterung** des Reifegradmodells könnte vor dem Hintergrund des situativen Ansatzes erfolgen.[349] Das heißt, dass auf Faktoren, wie Größe des zu

---

[348] Vgl. Knackstedt, R./ Pöppelbuß, J./ Becker, J. (2009): S. 536 Zur Argumentation dieser Forderung bei Portfolios siehe Jonen, A. (2023): S. 165.

[349] Vgl. Düchting, M./ Jonen, A. (2023): S. 72–76.

analysierenden Unternehmens, Art der Projekte eingegangen wird, um basierend darauf Mindestanforderungen für die einzelnen Reifegradstufen abzuleiten.

Aufgrund der Besonderheiten sind speziell für **agile Projekte** weitergehende speziellere Untersuchungen notwendig. Dabei kann das bereits aufgestellte Reifegradmodell die Basis für die Weiterentwicklung eines Reifegradmodells für agile Projektsituationen bieten. Zudem ist herauszustellen, dass gegebenenfalls je nach Branche und Projektportfolioart vor der Verwendung des Reifegradmodells kleinere Anpassungen an die speziellen Ansprüche vorzunehmen sind.[350]

---

[350]   Vgl. Cooke-Davies, T. (2004): S. 1249.

Literaturverzeichnis

Adler, A./ Sedlaczek, R. (2005): Multi-Projektmanagement, Portfolioplanung und Portfoliocontrolling. In: Schott, E. (Hg.): Strategisches Projektmanagement. Berlin: Springer, S. 113–132.

Ahlemann, F./ Schröder, C./ Teuteberg, F. (2005): Kompetenz- und Reifegradmodelle für das Projektmanagement: Grundlagen, Vergleich und Einsatz. ISPRI-Arbeitsbericht. Universität Osnabrück. ISPRI - Forschungszentrum für Informationssysteme im Projekt- und Innovationsnetzwerken, Osnabrück.

Ahn, H./ Klüver, P./ Novoa Vazquez, N. (2020): Wie digital ist Ihr Controlling? – Benchmarking des digitalen Reifegrades im Controlling. In: *Controller Magazin,* 45. Jg. H. 3 (Sonderheft), S. 20–23.

Albrecht, J.-C. (2014): Einfluss der Projektmanagementreife auf den Projekterfolg. Empirische Untersuchung im Industriebereich und Ableitung eines Vorgehensmodells. Kassel: Kassel University Press (Schriftenreihe Projektmanagement, Nr. 19).

Alghail, A./ Yao, L./ Abbas, M./ Baashar, Y. (2022): Assessment of knowledge process capabilities toward project management maturit. An empirical study. In: *Journal of Knowledge Management,* 26. Jg., H. 5, S. 1207–1234. DOI: 10.1108/JKM-03-2021-0180.

Altuntas, M./ Uhl, P. (2016): Industrielle Exzellenz in der Versicherungswirtschaft. Bestimmung der Industrialisierungsreife in einer zunehmend digitalisierten Welt. Wiesbaden: Springer Fachmedien Wiesbaden.

Anderson, D. J./ Bozheva, T. (2021): Kanban Maturity Model. Handbuch für Agilität, Resilienz und Neuausrichtung in Organisationen. 1. Auflage. Heidelberg: dpunkt.verlag.

Angermeier, G. (2016): IPMA Delta. projektmagazin (Hrsg.). Online: https://www.projektmagazin.de/glossarterm/ipma-delta, Abruf: 22.02.2024.

Asdecker, B./ Felch, V. (2018): Development of an Industry 4.0 maturity model for the delivery process in supply chains. In: *Journal of Modelling in Management,* 13. Jg., H. 4, S. 840–883. DOI: 10.1108/JM2-03-2018-0042.

Aspire (2010): The vision to stay ahead. P3M3® - Maturity Models in a Nutshell. London. Online: https://aspireeurope.com/documents/P3M3inanutshell.pdf, Abruf: 16.04.2024.

Bacharach, G./ Ribbert, G./ Techt, U. (2019): Erfolgreiche Einführung von Multiprojektmanagement. In: Hüsselmann, C., Seidl, J. (Hg.): Multiprojektmanagement. Herausforderungen und Best Practices. 2. Aufl. Saarbrücken: Der Lehrbuchverlag, S. 317–343.

Backerra, H./ Aden, R./ Drilling, C. (2022): Ein neues Projektmanagement braucht die Welt. In: *PROJEKTMANAGEMENT AKTUELL,* 33. Jg., H. 3, S. 4–10. DOI: 10.24053/PM-2022-0049.

Balzer, H. (1998): Den Erfolg im Visier. Unternehmenserfolg durch Multi-Projekt-Management. In: Balzer, H. (Hg.): Den Erfolg im Visier. Unternehmenserfolg durch Multi-Projekt-Management. Stuttgart: Logis, S. 23–50.

Bea, F. X. (2012): Projektmanagement: Ziele, Aufgaben, Methodik. In: *WiSt - Wirtschaftswissenschaftliches Studium,* 41. Jg., H. 12, S. 639–644. DOI: 10.15358/0340-1650-2012-12-639.

Bea, F. X./ Scheurer, S./ Hesselmann, S. (2020): Projektmanagement. 3. Aufl. München: UVK Verlag (utb Betriebwirtschaftslehre, Nr. 2338).

Bechtel, J. (2022): Auswirkungen agiler Methoden auf die Zusammenarbeit im Unternehmen. In: *PROJEKTMANAGEMENT AKTUELL, H.* 1, S. 63–67.

Becker, J./ Knackstedt, R./ Pöppelbuß, J. (2009a): Developing Maturity Models for IT Management. In: *Business & Information Systems Engineering,* 1. Jg., H. 3, S. 213–222. DOI: 10.1007/s12599-009-0044-5.

Becker, J./ Knackstedt, R./ Pöppelbuß, J. (2009b): Dokumentationsqualität von Reifegradmodellentwicklungen. Münster: Westfälische Wilhelms-Universität Münster, Institut für Wirtschaftsinformatik (Arbeitsberichte des Instituts für Wirtschaftsinformatik, 123). Online: https://www.econstor.eu/handle/10419/59549.

Becker, J./ Knackstedt, R./ Pöppelbuß, J. (2009c): Entwicklung von Reifegradmodellen für das IT-Management. In: *Wirtschaftsinformatik,* 51. Jg., H. 3, S. 249–260. DOI: 10.1007/s11576-009-0167-9.

Becker, J./ Niehaves, B./ Poeppelbuss, J./ Simons, A. (2010): Maturity Models in IS Research. In: Alexander, P. M., Turpin, M., van Deventer, J. P. (Hg.): 18th European Conference on Information Systems, ECIS 2010. Pretoria.

Becker, W./ Ebner, R./ Melzer, V./ Ulrich, P. (2013): Reifegradmodell. Logistik-Controlling im Mittelstand- Instrumente und Anforderungen. In: *Controller Magazin,* 38. Jg., H. 6, S. 41–47.

Becker, W./ Kunz, C. (2008): Multiprojektmanagement in deutschen Finanzdienstleistungsunternehmen. In: *Controlling - Zeitschrift für erfolgsorientierte Unternehmenssteuerung,* 20. Jg., H. 6, S. 307–314.

Bensiek, T. (2013): Systematik zur reifegradbasierten Leistungsbewertung und -steigerung von Geschäftsprozessen im Mittelstand. Paderborn, Abruf: 25.02.2024.

Bento, I./ Gomes, J./ Romão, M. (2019): The Relationship between OPM3 and Project management. A Multiple Case Study. In: *The Journal of Modern Project Management,* 7. Jg., H. 1, S. 47–57. DOI: 10.19255/JMPM01803.

Berghaus, S./ Back, A. (2016): Gestaltungsbereiche der Digitalen Transformation von Unternehmen: Entwicklung eines Reifegradmodells. In: *Die Unternehmung,* 70. Jg., H. 2, S. 98–123. DOI: 10.5771/0042-059X-2016-2-98.

Blondiau, A./ Mettler, T./ Winter, R. (2013): Design and Implementation Challenges of Maturity Models for Healthcare Organizations: An Experience Report. In: Abidi, S. S. R., Bath, Peter, A. (Hg.): Proceedings of the 16th International Symposium on Health Information Management Research. Halifax, Nova Scotia, Canada: Dalhousie University and University of Sheffield, S. 25–32.

Bogner, A./ Littig, B./ Menz, W. (2014): Interviews mit Experten. Eine praxisorientierte Einführung. Wiesbaden: Springer VS.

Bogner, A./ Menz, W. (2005a): Das theoriegenerierende Experteninterview. In: Bogner, A., Littig, B., Menz, W. (Hg.): Das Experteninterview. Theorie, Methode, Anwendung. 2. Aufl. Wiesbaden: VS Verlag für Sozialwissenschaften, S. 33–70.

Bogner, A./ Menz, W. (2005b): Expertenwissen und Forschungspraxis: die modernisierungstheoretische und die methodische Debatte um die Experten. Zur Einführung in ein unübersichtliches Problemfeld. In: Bogner,

A., Littig, B., Menz, W. (Hg.): Das Experteninterview. Theorie, Methode, Anwendung. 2. Aufl. Wiesbaden: VS Verlag für Sozialwissenschaften, S. 7–29.

Bosk, J. (2022): Handlungsrahmen für die Praxis: Digitalstrategie, Datenkompetenz und Compliance. In: Henke, V., Hülsken, G., Meier, P.-M., Beß, A. (Hg.): Digitalstrategie im Krankenhaus. Einführung und Umsetzung von Datenkompetenz und Compliance. Wiesbaden, Heidelberg: Springer Gabler, S. 211–229. DOI: 10.1007/978-3-658-36226-3_15.

Boughzala, I./ Vreede, G.-J. de (2015): Evaluating Team Collaboration Quality: The Development and Field Application of a Collaboration Maturity Model. In: *Journal of Management Information Systems,* 32. Jg., H. 3, S. 129–157. DOI: 10.1080/07421222.2015.1095042.

Bracht, U./ Geckler, D. (2000): Stabile Projekte durch verbessertes Änderungsmanagement. In: *Zeitschrift für wirtschaftlichen Fabrikbetrieb,* 95. Jg., H. 6, S. 270–274. DOI: 10.1515/zwf-2000-950609.

Bracht, U./ Geckler, D./ Motschmann (2009): Projektsimulation als Instrument zur änderungsrobusten Konfiguration von Planungsprojekten. In: *PROJEKTMANAGEMENT AKTUELL,* 20. Jg., H. 4, S. 19–27.

Braun, T. (2020): Erfolgsfaktoren im Projektmanagement. In: *WiSt - Wirtschaftswissenschaftliches Studium,* 49. Jg., H. 12, S. 52–55. DOI: 10.15358/0340-1650-2020-12-52.

Brookes, N./ Butler, M./ Dey, P./ Clark, R. (2014): The use of maturity models in improving project management performance. In: *International Journal of Managing Projects in Business,* 7. Jg., H. 2, S. 231–246. DOI: 10.1108/IJMPB-03-2013-0007.

Brüggemann, H./ Bremer, P. (2015): Grundlagen Qualitätsmanagement. Von den Werkzeugen über Methoden zum TQM. 2. Aufl. Wiesbaden: Springer Vieweg.

Bruin, T. de/ Rosemann, M./ Freeze, Ronald, D./ Kulkarni, U. (2005): Understanding the Main Phases of Developing a Maturity Assessment Model. In: ACIS 2005 (Hg.): ACIS 2005 Proceedings - 16th Australasian Conference on Information Systems. Sydney.

Bushuyev, Sergey, D./ Wagner, Reinhard, F. (2014): IPMA Delta and IPMA Organisational Competence Baseline (OCB). In: *International Journal of*

Managing Projects in Business, 7. Jg., H. 2, S. 302–310. DOI: 10.1108/IJMPB-10-2013-0049.

Carrillo, Jose, V./ Abad Marco, E./ Cabrera, Armado, S./ Jaramillo, Danilo, H. (2010): Success factors for creating a PMO aligned with the objectives and organizational strategy. In: Velásquez, Carlos, Eduardo, Rodriguez, Y. A. (Hg.): 2010 IEEE ANDESCON. Bogota, Colombia, 15.09.2010 - 17.09.2010: IEEE, S. 1–6.

Chaudhary, M./ Chopra, A. (2017): CMMI for development. Implementation guide. New York: Apress.

Chrissis, M. B./ Konrad, M./ Shrum, S. (2011): CMMI for development. Guidelines for process integration and product improvement. 3. Aufl. Upper Saddle River (New Jersey): Addison-Wesley.

Christiansen, S.-K./ Gausemeier, J. (2010): Klassifikation von Reifegradmodellen. In: *Zeitschrift für wirtschaftlichen Fabrikbetrieb,* 105. Jg., H. 4, S. 344–349.

CMMI Product Team (2006): CMMI for Development, Version 1.2. Online: https://insights.sei.cmu.edu/library/cmmi-for-development-version-12/, Abruf: 16.04.2024.

Cooke-Davies, T. (2004): Project Management Maturity Models. In: Morris, P. W. G., Pinto, J. K. (Hg.): The Wiley Guide to Managing Projects: Wiley, S. 1234–1255. DOI: 10.1002/9780470172391.ch49.

Crosby, P. B. (1979): Quality is free. The art of making quality certain. New York: McGraw-Hill.

Crosby, P. B. (2000): Qualitätsmanagement. 2. Aufl. Wien: Ueberreuter.

Dammer, H. (2008): Multiprojektmanagement. Wiesbaden: Gabler.

Dammer, H./ Gemünden, H. G. (2005): Erfolgsfaktoren des Multiprojektmanagements. Ergebnisse einer qualitativen Studie. Online: https://www.projektmagazin.de/artikel/erfolgsfaktoren-des-multiprojektmanagements_6779, Abruf: 02.03.2024.

Dammer, H./ Gemünden, H. G. (2006): Qualität von Multiprojektmanagement messbar gemacht. In: *Projektmagazin,* 5. Jg., H. 8, S. 1–7.

Daniel, K. (2008): Managementprozesse und Performance. Ein Konzept zur reifegradbezogenen Verbesserung des Managementhandelns. Wiesbaden: Gabler.

Davies, H. T./ Nutley, S. M. (1999): The Rise and Rise of Evidence in Health Care. In: *Public Money & Management,* 19. Jg., H. 1, S. 9–16. DOI: 10.1111/1467-9302.00147.

Dechange, A. (2020): Projektmanagement – Schnell erfasst. 1. Aufl. Berlin, Heidelberg: Springer Berlin Heidelberg (Wirtschaft – Schnell erfasst).

Dechange, A./ Friedrich, B. (2013): Multiprojektmanagement in der Energiewirtschaft. In: Lau, C., Flegel, T., Dechange, A. (Hg.): Projektmanagement im Energiebereich. Wiesbaden: Springer Gabler, S. 101–124. DOI: 10.1007/978-3-658-00267-1_7.

Deming, E. W. (1982): Out of the crisis. Quality, Productivity and competitive Position. Cambridge: Massachusetts Institute Technology.

Deppermann, A. (2014): Das Forschungsinterview als soziale Interaktionspraxis. In: Mey, G., Mruck, K. (Hg.): Qualitative Forschung. Analysen und Diskussionen - 10 Jahre Berliner Methodentreffen. Wiesbaden: Springer VS, S. 133–149. DOI: 10.1007/978-3-658-05538-7_8.

Diekmann, A. (2006): Aktuelle Probleme der empirischen Sozialforschung. In: *Kölner Zeitschrift für Soziologie und Sozialpsychologie H.* 44 (Sonderheft), S. 8–32.

Dillerup, R./ Stoi, R. (2016): Unternehmensführung. Management & Leadership : Strategien - Werkzeuge - Praxis. 5. Aufl. München: Verlag Franz Vahlen.

Dinter, B. (2011): Ein Reifegradmodell für Business-Intelligence-Lösungen. In: *HMD Praxis der Wirtschaftsinformatik,* 48. Jg., H. 3, S. 90–100. DOI: 10.1007/BF03340591.

Dombrowski, U./ Brinkop, M. (2011): Der Prozesssicherheitsgrad zur Prozessbewertung. In: *Zeitschrift für wirtschaftlichen Fabrikbetrieb,* 106. Jg., H. 6, S. 400–407. DOI: 10.3139/104.110570.

Döring, N./ Bortz, J. (2016): Forschungsmethoden und Evaluation in den Sozial- und Humanwissenschaften. 5. Aufl. Berlin, Heidelberg: Springer Berlin Heidelberg.

Düchting, M./ Jonen, A. (2023): Nachhaltigkeitsbewertung im Rahmen von Merger & Acquisitions. Vorstellung eines Referenzmodells zur Methodenauswahl auf Basis des situativen Ansatzes. Norderstedt: BoD - Books on Demand (Mannheimer Beiträge zur Betriebswirtschaftslehre, Nr. 01/23).

Eggert, S./ Aksünger, F. (2018): Vergleich existierender Reifegradmodelle Untersuchung der Eignung zur Bestimmung der ERP-Reife. In: *ERP Management,* 14. Jg., H. 1, S. 51–54. Online: https://www.wisonet.de/document/ERP__2B0CD0BB60E9872FC125826A004FE52A.

Eichler, J. (2013): Voll ausgereift. Sichere Software mit OpenSAMM, BSIMM und SSE-CMM. In: *iX - Magazin für professionelle Informationstechnik,* 26. Jg., H. 11, 112.117.

Eisend, M./ Kuß, A. (2023): Theorie-Entwurf. In: Eisend, M., Kuß, A. (Hg.): Grundlagen empirischer Forschung. Zur Methodologie in der Betriebswirtschaftslehre. 3. Aufl. Wiesbaden: Springer Gabler, S. 143–175. DOI: 10.1007/978-3-658-42690-3_4.

Eisenhardt, K. M. (1989): Building Theories from Case Study Research. In: *The Academy of Management Review,* 14. Jg., H. 4, S. 532–550. DOI: 10.2307/258557.

El Arbi, F./ Ahlemann, F./ Kaiser, M. (2013): Professionalisierung. In: Ahlemann, F., Eckl, C. (Hg.): Strategisches Projektmanagement. Berlin, Heidelberg: Springer, S. 117–136. DOI: 10.1007/978-3-642-34761-0_6.

Engel, C./ Tamdjidi, A./ Quadejacob, N. (2008): Ergebnisse der Projektmanagement Studie 2008. Erfolg und Scheitern im Projektmanagement. GPM Deutsche Gesellschaft für Projektmanagement e.V. und PA Consulting Group (Hrsg.). Online: https://www.gpm-ipma.de/fileadmin/user_upload/Wissen/Studien/ergebnis-erfolg-und-scheitern-im-pm-studie-2008.pdf, Abruf: 05.03.2024.

Ertl-Wagner, B./ Steinbrucker, S./ Wagner, B. C. (2013): Qualitätsmanagement & Zertifizierung. Praktische Umsetzung in Krankenhäusern, Reha-Kliniken, stationären Pflegeeinrichtungen. 2. Aufl. Berlin, Heidelberg: Springer.

Eusterholz, M./ Landgraf, A./ Multhaupt, G. (2022): Rentable Prozesse auf dem Stand der Technik. In: Henke, V., Hülsken, G., Meier, P.-M., Beß, A.

(Hg.): Digitalstrategie im Krankenhaus. Einführung und Umsetzung von Datenkompetenz und Compliance. Wiesbaden, Heidelberg: Springer Gabler, S. 419–434. DOI: 10.1007/978-3-658-36226-3_30.

Eymann, T./ Fürstenau, D./ Gersch, M./ Kauffmann, A. L./ Neubauer, M./ Schick, D. et al. (2023): Das Reifegradmodell für den Öffentlichen Gesundheitsdienst – Ein Instrument zur Erfassung und Verbesserung des digitalen Reifegrades von deutschen Gesundheitsämtern. In: *Bundesgesundheitsblatt, Gesundheitsforschung, Gesundheitsschutz,* 66. Jg., H. 2, S. 136–142. DOI: 10.1007/s00103-022-03643-7.

Fahrenkrog, S. L. (2004): OPM3's knowledge foundation and implementation of OPM3. PMI® Global Congress 2004—EMEA, Prague (Hrsg.). Online: https://www.pmi.org/learning/library/organizational-strategies-outcomes-improvements-8398, Abruf: 06.02.2024.

Felchin, J. (2021): Agiles Projektportfoliomanagement: Die 3 Erfolgsfaktoren. Strategische Investitionsplanung, taktische Quartalsplanung und kontinuierliche Priorisierung. In: *Projektmagazin,* 20. Jg., H. 23, S. 1–10.

Flick, U. (2010): Gütekriterien qualitativer Forschung. In: Mey, G., Mruck, K. (Hg.): Handbuch qualitative Forschung in der Psychologie. 1. Auflage. Wiesbaden: VS Verlag für Sozialwissenschaften, S. 395–407. DOI: 10.1007/978-3-531-92052-8_28.

Flick, U. (2012): Qualitative Sozialforschung. Eine Einführung. 5. Aufl. Reinbek bei Hamburg: Rowohlt Taschenbuch Verlag.

Flick, U./ Kelle, U./ Kromrey, H./ Reichertz, J./ Rost, J./ Schreier, M. (2014): Qualitative und quantitative Methoden in der Sozialforschung: Differenz und/oder Einheit? In: Mey, G., Mruck, K. (Hg.): Qualitative Forschung. Analysen und Diskussionen - 10 Jahre Berliner Methodentreffen. Wiesbaden: Springer VS, S. 183–225. DOI: 10.1007/978-3-658-05538-7_11.

Fraser, P./ Moultrie, J./ Gregory, M. (2002): The use of maturity models. Grids as a tool in assessing product development capability. In: Managing technology for the new economy. St John's College, Cambridge, UK, 18 - 20 August 2002 - proceedings. 2002 IEEE International Engineering Management Conference. Cambridge, UK. IEEE Engineering Management Society. Piscataway, NJ: IEEE Service Center, S. 244–249.

Frefer, Abdulbaset, A./ Mahmoud, M./ Haleema, H./ Almamlook, R. (2018): Overview Success Criteria and Critical Success Factors in Project Management. In: *Industrial Engineering & Management,* 7. Jg., H. 1, S. 1–6. DOI: 10.4172/2169-0316.1000244.

Frehe, V./ Stiel, F./ Teuteberg, F. (2013): Web-Portal und Reifegradmodell für ein Benchmarking des betrieblichen Umweltmanagements. In: Horbach, M. (Hg.): Informatik 2013 - Informatik angepasst an Mensch, Organisation und Umwelt. Tagung vom 16. - 20. September 2013 in Koblenz, Germany. Bonn: Ges. für Informatik (GI Edition Proceedings, 220), S. 876–890.

Freistühler, S./ Kempkes, J. A./ Suprano, F./ Wömpener, A. (2019): Controller und Data Scientist in der Unternehmenspraxis. In: *Controlling,* 31. Jg., H. 3, S. 63–69. DOI: 10.15358/0935-0381-2019-3-63.

Früh, W. (2017): Inhaltsanalyse. Theorie und Praxis. 9. Aufl. Konstanz, München: UVK Verlagsgesellschaft mbH.

Gabriel, R. (2019): Einführung eines stadtweiten IT-Multiprojektmanagements. In: Hüsselmann, C., Seidl, J. (Hg.): Multiprojektmanagement. Herausforderungen und Best Practices. 2. Aufl. Saarbrücken: Der Lehrbuchverlag, S. 343–351.

Gassmann, O. (2006): Praxiswissen Projektmanagement. Bausteine - Instrumente - Checklisten. 2. Aufl. München: Hanser Verlag.

Gehrmann, U./ Gläßer, T. (2023): Infrastruktur- und Großbauprojekte erfolgreich planen und steuern. In: *PROJEKTMANAGEMENT AKTUELL,* 34. Jg., H. 1, S. 42–46.

Gemünden, H. G./ Dammer, H./ Jonas, D. (2015): Die Zusammenarbeit der Akteure im Multiprojektmanagement: Empirische Untersuchungsergebnisse. In: Steinle, C. (Hg.): Handbuch Multiprojektmanagement und -controlling. Projekte erfolgreich strukturieren und steuern. 3. Aufl. Berlin: E. Schmidt, S. 33–49.

Gemünden, H. G./ Klock, A. (2022): Das Triple – A – Konzept. Agiles, ambidextres und adaptives Projektmanagement. In: *Zeitschrift Führung + Organisation,* 31. Jg., H. 1, S. 150–156.

Gemünden, H. G./ Kock, A./ Heising, W./ Teller, J./ Voss, M. (2011): 5. Multiprojektmanagement-Benchmarking-Studie. Lehrstuhl für Technologie-

und Innovationsmanagement (Hrsg.). Technische Universität Berlin. Berlin.

Giesche, S./ Rietz, S. (2010): Interkulturelle Kompetenz als zentraler Erfolgsfaktor im internationalen Projektmanagement. 1. Auflage. Hamburg: Diplomica Verlag GmbH.

Gilkerson, N. D./ Swenson, R./ Likely, F. (2019): Maturity as a way forward for improving organizations' communication evaluation and measurement practices. In: *Journal of Communication Management,* 23. Jg., H. 3, S. 246–264. DOI: 10.1108/JCOM-12-2018-0130.

Glantz, A./ Michael, T. (2014): Interviewereffekte. In: Baur, N., Blasius, J. (Hg.): Handbuch Methoden der empirischen Sozialforschung. Wiesbaden: Springer VS, S. 313–322. DOI: 10.1007/978-3-531-18939-0_21.

Glas, A./ Kleemann, F. (2016): The Impact of Industry 4.0 on Procurement and Supply Management: A Conceptual and Qualitative Analysis. In: *International Journal of Business and Management Invention,* 5. Jg., H. 6, S. 55–56. Online: https://www.ijbmi.org/papers/Vol(5)6/I0506055066.pdf.

Glaschak, S. A. (2006): Strategiebasiertes Multiprojektmanagement. Konzept, Unternehmungsbefragung, Gestaltungsempfehlungen. München, Mering: Hampp (Schriften zum Management, Nr. 26).

Gläser, J./ Laudel, G. (2010): Experteninterviews und qualitative Inhaltsanalyse als Instrumente rekonstruierender Untersuchungen. 4. Aufl. Wiesbaden: VS Verlag.

Goeken, M./ Schopp, J. C. (2018): Erfolgsfaktoren und Misserfolgsfaktoren im Projektmanagement – ein Systematischer Review. In: Mikusz, M., Volland, A., Engstler, M., Fazal-Baqaie, M., Hanser, E., Linssen, O. (Hg.): Projektmanagement und Vorgehensmodelle 2018, PVM 2018. Der Einfluss der Digitalisierung auf Projektmanagementmethoden und Entwicklungsprozesse. Bonn: Gesellschaft für Informatik e.V. (GI) (GI-Edition - Lecture Notes in Informatics (LNI) Proceedings, 286), S. 51–61.

Goldenson, D./ Gibson, D. L. (2003): Demonstrating the Impact and Benefits of CMMI: An Update and Preliminary Results. Carnegie Mellon Software Engineering Institute. Pittsburg (CMU/SEI-2003-SR-009).

Gollner, J. A./ Baumane-Vītoliņa, I. (2016): Measurement of ERP-project success: findings from Germany and Austria. In: *Engineering Economics,* 27. Jg., H. 5. DOI: 10.5755/j01.ee.27.5.13208.

Grande, M. (2014): 100 Minuten Für Anforderungsmanagement. Kompaktes Wissen Nicht Nur Für Projektleiter und Entwickler. 2. Aufl. Wiesbaden: Springer Fachmedien Wiesbaden GmbH.

Greb, T./ Kneuper, R. (2010): Unternehmenszielorientierte Prozessverbesserung mit CMMI. In: *HMD Praxis der Wirtschaftsinformatik,* 47. Jg., H. 3, S. 97–106. DOI: 10.1007/BF03340478.

Gronau, N./ Heinze, P./ Jochem, R./ Geers, D. (2010): Reifegradmessung als Ansatz zur Verbesserung von wissensintensiven Geschäftsprozessen. In: *Information Management und Consulting,* 25. Jg., H. 4, S. 75–80.

Grundmann, R./ Hoffmann, L. (2015): Projektcontrolling mit Hilfe der Earned Value Methode. In: *NWB Rechnungswesen - BBK,* 63. Jg., H. 15, S. 708–717.

Gust, S. (2022): Vertrieb und IT – Der ewige Konflikt. In: *Zeitung für kommunale Wirtschaft,* 69. Jg., H. 10, S. 13.

Harsch, M. (2018): Multiprojektmanagement im Krankenhaus. Wiesbaden: Springer Fachmedien.

Hecht, S. (2014): Ein Reifegradmodell für die Bewertung und Verbesserung von Fähigkeiten im ERP-Anwendungsmanagement. Wiesbaden: Springer Gabler.

Hedeman, B./ Seegers, R. (2011): Prince2® 2009 edition. Das Taschenbuch. 1. Aufl. Zaltbommel: Van Haren Publishing (Best practice).

Heinze, T. (2016): Qualitative Sozialforschung. Einführung, Methodologie und Forschungspraxis. Berlin, Boston: Walter de Gruyter GmbH.

Helfferich, C. (2011): Die Qualität qualitativer Daten. Manual für die Durchführung qualitativer Interviews. 4. Aufl. Wiesbaden: VS Verlag für Sozialwissenschaften.

Herget, J. (2020): Unternehmenskultur gestalten. Systematisch zum nachhaltigen Unternehmenserfolg. Berlin: Springer Gabler.

Hesseler, M. (2007): Projektmanagement. Wissensbausteine für die erfolgreiche Projektarbeit. München: Vahlen.

Hiller, Marc, C. (2002): Multiprojektmanagement. Konzept zur Gestaltung, Regelung und Visualisierung einer Projektlandschaft. Kaiserslautern.

Hirzel, M. (2019): Projektportfolio-Management Implementierung. In: Hirzel, M., Alter, W., Niklas, C. (Hg.): Projektportfolio-Management. Strategisches und operatives Multi-Projektmanagement in der Praxis. 4. Aufl. Wiesbaden, Heidelberg: Springer Gabler, S. 221–231. DOI: 10.1007/978-3-658-26260-0_20.

Hofer, P./ Perkhofer, L./ Mayr, A. (2020): Interaktive Big Data Visualisierungen – Potenzial für das Management Reporting. In: Keimer, I., Egle, U. (Hg.): Die Digitalisierung der Controlling-Funktion. Anwendungsbeispiele aus Theorie und Praxis. Wiesbaden, Heidelberg: Springer Gabler, S. 159–187. DOI: 10.1007/978-3-658-29196-9_10.

Holtschke, B./ Heier, H./ Hummel, T. (2008): Multiprojektmanagement. In: Holtschke, B., Heier, H., Hummel, T. (Hg.): Quo vadis CIO? Berlin, Heidelberg: Springer Berlin Heidelberg (Xpert.press), S. 59–72. DOI: 10.1007/978-3-540-74589-1_5.

Homburg, C./ Klarmann, M. (2003): Empirische Controllingforschung — Anmerkungen aus der Perspektive des Marketing. In: Weber, J., Hirsch, B. (Hg.): Zur Zukunft der Controllingforschung. Empirie, Schnittstellen und Umsetzung in der Lehre. 1. Aufl. Wiesbaden: Deutscher Universotäts Verlag (Gabler Edition Wissenschaft Schriften des Center for Controlling & Management (CCM), 9), S. 65–88. DOI: 10.1007/978-3-322-81609-2_4.

Hörmann, K./ Dittmann, L. (2006): SPICE in der Praxis. Interpretationshilfe für Anwender und Assessoren. 1. Aufl. Heidelberg: dpunkt-Verlag.

Hüsselmann, C./ Erne, R./ Langhardt, S. (2022): Das Ausmaß von Verschwendung in Projekten messen und minimieren. Studie: Project Management Waste Index - PMWI. In: *Projektmagazin,* 21. Jg., H. 3, S. 1–14.

Hutabarat, N./ Raharjo, T./ Hardian, B./ Suhanto, A./ Wahbi, A. (2021): PMMM Kerzner Questionnaire Validation for Project Management Maturity Level Assessment: One of the Largest Indonesia's State-Owned Banks. In: Institute of Electrical and Electronisc Engineers (Hg.): 2021

International Conference on Advanced Computer Science and Information Systems (ICACSIS). Depok, Indonesia: IEEE, S. 1–6.

Jonen, A. (2008): Kognitionsorientiertes Risikocontrolling. 1. Aufl. Lohmar: Eul-Verlag.

Jonen, A. (2018): Erfolgsfaktoren eines strategischen Multi-Projekt-Managements (MPM). Ein revisionsorientierter Ansatz. In: *PROJEKTMANAGEMENT AKTUELL,* 29. Jg., H. 3, S. 30–39.

Jonen, A. (2023): Beschaffungsportfolios. Überblick – Bewertung – Referenzmodell. Wiesbaden: Springer Gabler.

Jording, T. (2018): Entwicklung und Konzeption eines Reifegradmodells des Supply Chain Managements - der Supply Chain Management Maturity Cube (SCMMC). Universität Bamberg. Online: http://nbn-resolving.de/urn:nbn:de:bvb:473-opus4-514757, Abruf: 15.05.2024, Bamberg.

Jugdev, K./ Thomas, J. (2002): Project Management Maturity Models: The Silver Bullets of Competitive Advantage? In: *Project Management Journal,* 33. Jg., H. 4, S. 4–14. DOI: 10.1177/875697280203300402.

Kaiser, F./ Weber, M. (2022): Die digitale Transformation im Krankenhausalltag. In: Henke, V., Hülsken, G., Meier, P.-M., Beß, A. (Hg.): Digitalstrategie im Krankenhaus. Einführung und Umsetzung von Datenkompetenz und Compliance. Wiesbaden, Heidelberg: Springer Gabler, S. 23–26. DOI: 10.1007/978-3-658-36226-3_3.

Kaiser, R. (2021): Qualitative Experteninterviews. Konzeptionelle Grundlagen und praktische Durchführung. 2. Aufl. Wiesbaden: Springer Fachmedien Wiesbaden.

Kamprath, N. (2011): Einsatz von Reifegradmodellen im Prozessmanagement. In: *HMD Praxis der Wirtschaftsinformatik,* 48. Jg., H. 6, S. 93–102. DOI: 10.1007/BF03340648.

Kaufmann, C./ Bechtel, J./ Lehner, P./ Gemünden, H. G./ Kock, A. (2021): Triple-A PPM: Agiles, Adaptives und Ambidexteres Projektportfoliomanagement fördert den Erfolg - gerade in Zeiten von Umbruch und Turbulenz. In: *PROJEKTMANAGEMENT AKTUELL,* 32. Jg., H. 5, S. 51–58. DOI: 10.24053/PM-2021-0094.

Kazanjian, R. K./ Drazin, R. (1989): An Empirical Test of a Stage of Growth Progression Model. In: *Management Science,* 35. Jg., H. 12, S. 1489–1503. Online: http://www.jstor.org/stable/2632234.

Keimer, I./ Zorn, M./ Gisler, Markus, G./ Fallegger, M. (2017): Dimensionen der Digitalisierung im Controlling. Grundlagen und Denkanstöße zur Selbstanalyse und Weiterentwicklung. In: *Expert Fokus,* 91. Jg., H. 11, S. 827–831.

Keller, R. (2014): Zukünfte der qualitativen Sozialforschung. In: Mey, G., Mruck, K. (Hg.): Qualitative Forschung. Analysen und Diskussionen - 10 Jahre Berliner Methodentreffen. Wiesbaden: Springer VS, S. 167–180. DOI: 10.1007/978-3-658-05538-7_10.

Kerzner, H. (2013): Project Management. A Systems Approach to Planning, Scheduling, and Controlling. 11th ed. New York: John Wiley & Sons Incorporated.

Kerzner, H. (2019): Using the project management maturity model. Strategic planning for project management. 3. Aufl. Hoboken, New Jersey: John Wiley & Sons Inc.

Kesten, R./ Müller, A./ Schröder, H. (2013): IT-Controlling. IT-Strategie, Multiprojektmanagement, Projektcontrolling und Performancekontrolle. 2. Aufl. München: Franz Vahlen.

Kesten, R./ Schröder, H. (2012): Projektranking beim Multiprojektmanagement. In: *Controller Magazin,* 37. Jg., H. 5, S. 14–19.

Khoshgoftar, M./ Osman, O. (2009): Comparison of maturity models. In: Li, W. (Hg.): 2009 2nd IEEE International Conference on Computer Science and Information Technology. ICCSIT 2009 - Beijing, China, 8 - 11 August 2009. Beijing, China. Institute of Electrical and Electronics Engineers. Piscataway, NJ: IEEE, S. 297–301.

Kirchmair, R. (2022): Qualitative Forschungsmethoden. Anwendungsorientiert: vom Insider aus der Marktforschung lernen. 1. Aufl. Berlin, Heidelberg: Springer (Angewandte Psychologie Kompakt).

Knackstedt, R./ Pöppelbuß, J./ Becker, J. (2009): Vorgehensmodell zur Entwicklung von Reifegradmodellen. Wirtschaftsinformatik Proceedings 2009. Westfälische Wilhelms-Universität Münster. European Research Center for Information Systems, Münster.

Kneuper, R. (2007): CMMI. Verbesserung von Software- und Systementwicklungsprozessen mit Capability Maturity Model Integration (CMMI-DEV). 3. Aufl. Heidelberget al: dpunkt-Verlag.

Knospe, O./ Drewel, M./ Mittag, T./ Pierenkemper, C./ Hobscheidt, D. (2018): Leistungssteigerung durch Industrie 4.0 für kleine und mittlere Unternehmen. In: *Zeitschrift für wirtschaftlichen Fabrikbetrieb,* 113. Jg. H. 1-2, S. 83–87. DOI: 10.3139/104.111867.

Kock, A./ Globocnik, D./ Gemünden Hans Georg (2011): Erfolgsfaktoren im Multiprojektmanagement. Was erfolgreiche Unternehmen beim Management von Projektlandschaften auszeichnet. In: *WINGbusiness,* 44. Jg., H. 2, S. 23–31.

Kock, A./ Heising, W./ Gemünden, H. G. (2015): How Ideation Portfolio Management Influences Front-End Success. In: *Journal of Product Innovation Management,* 32. Jg., H. 4, S. 539–555. DOI: 10.1111/jpim.12217.

Komus, A. (2015): Ergebnisbericht: Erfolgsfaktoren im Projektmanagement. eine evidenzbasierte Studie. Studie. Hochschule Koblenz. BPM Labor, Koblenz.

Komus, A./ Heupel, T./ Ietia, Y. (2016): Evidenzbasierte Erfolgsfaktoren im Projektmanagement. Warum Praktiker oft nicht ganz richtig liegen. In: *PROJEKTMANAGEMENT AKTUELL,* 27. Jg., H. 3, S. 36–42.

Kopmann, J./ Ekrot, B./ Kock, A./ Gemünden, H. G. (2015): Multiprojektmanagement: Not oder Tugend? In: *PROJEKTMANAGEMENT AKTUELL,* 26. Jg., H. 2, S. 31–38.

Koß, R. (2016): Ein Reifegradmodell für das digitale Controlling. In: *Controlling & Management Review,* 60. Jg., H. 6, S. 32–39. DOI: 10.1007/s12176-016-0092-x.

Kraus, G./ Westermann, R. (2019): Projektmanagement mit System. Organisation, Methoden, Steuerung. 6. Aufl. Wiesbaden, Heidelberg: Springer Gabler.

Krüger, W. (1993): Organisation der Unternehmung. 2. Aufl. Stuttgart: Kohlhammer.

Kruse, A./ Lehr, U. (1999): Reife Leistung. Psychologische Aspekte des Alterns. In: Niederfranke, A., Naegele, G., Frahm, E. (Hg.): Die vielen

Gesichter des Alterns. Opladen: Westdeutscher Verlag (Funkkolleg Altern, 1), S. 187–238. DOI: 10.1007/978-3-322-90446-1_5.

Kubbe, I. (2016): Experimente in der Politikwissenschaft. Eine methodische Einführung. 1. Aufl. Wiesbaden: Springer VS.

Kubbe, I. (2020): Experimente und experimentelle Forschungsdesigns. In: Wagemann, C., Goerres, A., Siewert, M. B. (Hg.): Handbuch Methoden der Politikwissenschaft. 1. Aufl. Wiesbaden: Springer Fachmedien, S. 99–126. DOI: 10.1007/978-3-658-16936-7_7.

Kübel, M. (2013): Corporate M&A. Reifegradmodell und empirische Untersuchung. Wiesbaden: Springer Fachmedien Wiesbaden.

Kuckartz, U. (2010): Einführung in die computergestützte Analyse qualitativer Daten. 3. Aufl. Wiesbaden: VS Verlag für Sozialwissenschaften.

Kuckartz, U./ Dresing, T./ Rädiker, S./ Stefer, C. (2008): Qualitative Evaluation. Der Einstieg in die Praxis. Wiesbaden: VS Verlag für Sozialwissenschaften.

Kuckartz, U./ Ebert, T./ Rädiker, S./ Stefer, C. (2009): Vertiefende Analyse: Kategorienbasierte Auswertung der qualitativen Daten. In: Kuckartz, U., Ebert, T., Rädiker, S., Stefer, C. (Hg.): Evaluation online. Internetgestützte Befragung in der Praxis. Wiesbaden: VS Verlag für Sozialwissenschaften, S. 76–87. DOI: 10.1007/978-3-531-91317-9_8.

Kühn, F. (2006): Facetten des Multiprojektmanagements. In: Hirzel, M. (Hg.): Projektportfolio-Management. Strategisches und operatives Multi-Projektmanagement in der Praxis. 1. Aufl. Wiesbaden: Gabler, S. 37–50.

Kulkarni, U. R./ St. Louis, R. (2003): Organizational Self Assessment of Knowledge Management Maturity. In: AMCIS 2003 (Hg.): 9th Americas Conference on Information Systems. Tampa (Florida), S. 2542–2551.

Kunz, C. (2007): Strategisches Multiprojektmanagement. Konzeption, Methoden und Strukturen. 2. Aufl. Wiesbaden: DUV - Deutscher Universitäts-Verlag.

Kvale, S. (2011): Doing interviews. Los Angeles: SAGE.

Kwak, Y. H./ William, C. (2000): The Berkeley project management process maturity model: measuring the value of project management. In: IEEE Engineering Management Society (Hg.): Proceedings of the 2000 IEEE

Engineering Management Society, EMS - 2000, August 13 - 15, 2000, Albuquerque, New Mexico. International Engineering Management Conference. Piscataway, NJ: IEEE Service Center, S. 1–5.

Kwasniok, S. (2007): Multiprojektmanagement. Organisation, Interdependenzen, Implementierung. Saarbrücken: VDM Verlag Dr. Müller.

Lackinger, J./ Stix, G. (2013): Dynamik im Projekt: Änderungen, Nachforderungen. In: Wagner, R., Grau, N. (Hg.): Basiswissen Projektmanagement - Projekte steuern und erfolgreich beenden. 1. Aufl. Düsseldorf: Symposion Publishing GmbH, S. 67–84.

Lahrmann, G./ Marx, F./ Winter, R./ Wortmann, F. (2010): Business Intelligence Maturity Models: An Overview. Alessandro D'Atri, Maria Ferrara, Joey F. George und Paolo Spagnoletti (Hrsg.). VII Conference of the Italian Chapter of AIS. Naples. Online: http://www.itais.org/proceedings/itais2010/pdf/066.pdf, Abruf: 31.03.2024.

Lamnek, S./ Krell, C. (2016): Qualitative Sozialforschung. 6. Aufl. Weinheim: Beltz.

Leyh, C./ Schäffer, T. (2016): SIMMI 4.0 – Vorschlag eines Reifegradmodells zur Klassifikation der unternehmensweiten Anwendungssystemlandschaft mit Fokus Industrie 4.0. In: Nissen, V. (Hg.): Multikonferenz Wirtschaftsinformatik (MKWI) 2016. Technische Universität Ilmenau, 09.-11. März 2016. Ilmenau: Universitätsverlag Ilmenau, S. 981–992.

Liebe, H.-D./ Jahn, F./ Buddrus, U. (2022): Können Reifegradmodelle die Umsetzung von Digitalisierungsstrategien unterstützen? Eine vergleichende Analyse von 42 Modellen. In: *Forum der Medizin Dokumentation und Medizin Informatik,* 24. Jg., H. 2, S. 54–59.

Liebe, J.-D./ Buddrus, U./ Jahn, F./ Hübner, U. (2022): Digitalstrategie und Digitalisierungsaktivitäten: Ansätze zur Erfolgsmessung. In: Henke, V., Hülsken, G., Meier, P.-M., Beß, A. (Hg.): Digitalstrategie im Krankenhaus. Einführung und Umsetzung von Datenkompetenz und Compliance. Wiesbaden, Heidelberg: Springer Gabler, S. 169–180. DOI: 10.1007/978-3-658-36226-3_12.

Liebold, R./ Trinczek, R. (2009): Experteninterview. In: Kühl, S., Strodtholz, P., Taffertshofer, A. (Hg.): Handbuch Methoden der Organisationsforschung. Quantitative und qualitative Methoden. 1. Auflage. Wiesbaden:

VS Verlag für Sozialwissenschaften, S. 32–56. DOI: 10.1007/978-3-531-91570-8_3.

Liechti, M./ Bolender, A.-K./ Scherrer, R. (2022): Agilität trifft Projektmanagement. Gibt es künftig noch Projekte und Projektmanager? In: *PROJEKTMANAGEMENT AKTUELL,* 33. Jg., H. 1, S. 43–48. DOI: 10.24053/PM-2022-0013.

Limat, C. (2022): Disruptionspotenzial künstlicher Intelligenz: Ein Reifegradmodell zur Einführung ganzheitlicher KI-Initiativen in Unternehmen. In: *Wirtschaftsinformatik & Management,* 14. Jg., H. 1, S. 60–67. DOI: 10.1365/s35764-021-00379-y.

Link, J./ Weiser, C. (2014): Marketing-Controlling. Systeme und Methoden für mehr Markt- und Unternehmenserfolg. 3. Aufl. München: Franz Vahlen.

Linssen, O./ Rachmann, A. (2008): OPM3 – ein Reifegradmodell für das unternehmensweite Projektmanagement. In: Höhn, R., Petrasch, R. (Hg.): Vorgehensmodelle und der Product Life-cycle. Projekt und Betrieb von IT-Lösungen: 15. Workshop der Fachgruppe WI-VM der Gesellschaft für Informatik e.V. (GI) in Berlin. Aachen: Shaker (Berichte aus der Wirtschaftsinformatik), S. 134–152.

Lomnitz, G. (2008): Multiprojektmanagement. Projekte erfolgreich planen, vernetzen und steuern. 3. Aufl. München: FinanzBuch Verlag.

Maier, A. M./ Moultrie, J./ Clarkson, P. J. (2012): Assessing Organizational Capabilities: Reviewing and Guiding the Development of Maturity Grids. In: *IEEE Transactions on Engineering Management,* 59. Jg., H. 1, S. 138–159. DOI: 10.1109/TEM.2010.2077289.

Marinkovic, D./ Behrendt, K. (2016): Scheitern in Projekten. In: Kunert, S. (Hg.): Failure Management. Berlin, Heidelberg: Springer Berlin Heidelberg, S. 219–234. DOI: 10.1007/978-3-662-47357-3_13.

Marx, F./ Wortmann, F./ Mayer, J. H. (2012): Ein Reifegradmodell für Unternehmenssteuerungssysteme. In: *Wirtschaftsinformatik,* 54. Jg., H. 4, S. 189–204. DOI: 10.1007/s11576-012-0325-3.

Mayring, P. (2016): Einführung in die qualitative Sozialforschung. 6. Aufl. Weinheim: Beltz.

Mayring, P. (2020): Qualitative Forschungsdesigns. In: Mey, G., Mruck, K. (Hg.): Handbuch Qualitative Forschung in der Psychologie. Band 2: Designs und Verfahren. 2. Aufl. Wiesbaden: Springer Fachmedien Wiesbaden GmbH, S. 3–17. DOI: 10.1007/978-3-658-26887-9_18.

Meister, M./ Metternich, J./ Batz, S. (2017): Reifegradmodell für den systematischen Problemlösungsprozess. In: *Zeitschrift für wirtschaftlichen Fabrikbetrieb,* 112. Jg., H. 12, S. 848–851. DOI: 10.3139/104.111834.

Meskendahl, S./ Jonas, D./ Kock, A./ Gemünden, H. G. (2011): Wie Unternehmen erfolgreich ihr Projektportfolio managen. Ergebnisse der 4. Studie zum Multiprojektmanagement der TU Berlin. In: *PROJEKTMANAGEMENT AKTUELL,* 22. Jg., H. 1, S. 20–25.

Mettler, T. (2010): Supply-Management im Krankenhaus. Konstruktion und Evaluation eines konfigurierbaren Reifegradmodells zur zielgerichteten Gestaltung. 1. Aufl. Göttingen: Sierke.

Mettler, T./ Rohner, P./ Winter, R. (2010): Towards a Classification of Maturity Models in Information Systems. In: D'Atri, A., Marco, M. de, Braccini, A. M., Cabiddu, F. (Hg.): Management of the Interconnected World. Heidelberg: Physica-Verlag, S. 333–340. DOI: 10.1007/978-3-7908-2404-9_39.

Meuser, M./ Nagel, U. (2002): ExpertInneninterviews — vielfach erprobt, wenig bedacht. In: Bogner, A. (Hg.): Das Experteninterview. Theorie, Methode, Anwendung. Opladen: Leske + Budrich, S. 71–93. DOI: 10.1007/978-3-322-93270-9_3.

Mey, G./ Mruck, K. (2014): Qualitative Forschung: Analysen und Diskussionen. In: Mey, G., Mruck, K. (Hg.): Qualitative Forschung. Analysen und Diskussionen - 10 Jahre Berliner Methodentreffen. Wiesbaden: Springer VS, S. 9–32. DOI: 10.1007/978-3-658-05538-7_1.

Meyer, M. M. (2020): Planisware Orchestra – schneller Einstieg ins Multiprojektmanagement. In: *Projektmagazin,* 19. Jg., H. 19, S. 1–8.

Missler-Behr, M./ Hofer, F./ Wirth, M./ Hehli, J. (2007): Stand des Multiprojekt-Management in der Schweiz: Auswertung einer Umfrage bei Schweizer Unternehmen. Wirtschaftswissenschaftliches Zentrum (WWZ) (Hrsg.). Universität Basel. Basel (WWZ Forschungsbericht No. 03/07).

Online: https://wwz.unibas.ch/fileadmin/user_up-load/wwz/99_WWZ_Forum/Forschungsberichte/03_07.pdf, Abruf: 06.04.2024.

Montgomery, D. C. (2009): Introduction to statistical quality control. 6. Aufl. Hoboken, N.J: Wiley.

Müller, K.-R. (2015): Reifegradmodell des RiSiKo-Managements. In: Müller, K.-R. (Hg.): Handbuch Unternehmenssicherheit. Umfassendes Sicher-heits-, Kontinuitäts- und Risikomanagement mit System. 3., aktualisierte und erweiterte Auflage. Wiesbaden: Springer Vieweg, S. 520–528. DOI: 10.1007/978-3-658-10151-0_17.

Nolan, R. L. (1973): Managing the computer resource. In: *Communications of the ACM,* 16. Jg., H. 7, S. 399–405. DOI: 10.1145/362280.362284.

Oliveira, M. A./ Lopes, I. (2019): Evaluation and improvement of mainte-nance management performance using a maturity model. In: *IJPPM,* 69. Jg., H. 3, S. 559–581. DOI: 10.1108/IJPPM-07-2018-0247.

Ottmann, R./ Schelle, H. (2008): Projektmanagement. Die besten Projekte, die erfolgreichsten Methoden. München: Beck.

Pennypacker, J. S./ Grant, K. P. (2003): Project Management Maturity: An In-dustry Benchmark. In: *Project Management Journal,* 34. Jg., H. 1, S. 4–11. DOI: 10.1177/875697280303400102.

Pfadenhauer, M. (2002): Auf gleicher Augenhöhe reden. In: Bogner, A. (Hg.): Das Experteninterview. Theorie, Methode, Anwendung. Opladen: Leske + Budrich, S. 113–130. DOI: 10.1007/978-3-322-93270-9_5.

Pinto, J. K./ Slevin, D. P. (2008): Critical Success Factors in Effective Project Implementation. In: Cleland, D. I., King, William, R. (Hg.): Project Man-agement Handbook. New York: Wiley, S. 167–190.

Pohl, P. (2007): Erfolgsfaktoren und Nutzen des Multiprojektmanagements – Eine Analyse auf Basis der wertorientierten Steuerung. In: *PROJEKTMA-NAGEMENT AKTUELL,* 18. Jg., H. 4, S. 24–31.

Pohlmann, M. (2022): Einführung in die Qualitative Sozialforschung. Kon-stanz: UTB GmbH.

Pöppelbuß, J./ Röglinger, M. (2011): What makes a useful maturity model? A framework of general design principles for maturity models and its demonstration in business process management. In: European Conference on Information Systems (Hg.): Proceedings of the 19th European Conference on Information Systems. Helsinki, Finland, June 9 - 11, 2011. Helsinki, S. 1–12. Online: https://aisel.aisnet.org/ecis2011/28/, Abruf: 07.04.2024.

Preußig, J. (2020): Agiles Projektmanagement. Agilität und Scrum im klassischen Projektumfeld. 2. Auflage, 2020. Freiburg: Haufe-Lexware GmbH & Co. KG.

Pritsker, A. A. B./ Watters, L. J./ Wolfe, P. M. (1969): Multiproject Scheduling with Limited Resources: A Zero-One Programming Approach. In: *Management Science,* 16. Jg., H. 1, S. 93–108. DOI: 10.1287/mnsc.16.1.93.

Project Management Institute (2013): Organizational project management maturity model (OPM3). 3. Aufl. Newtown Square, Pennsylvania: Project Management Institute Inc. Online: https://learning.oreilly.com/library/view/organizational-project-management/9781628250305/, Abruf: 15.04.2024.

Putri, S. M./ Pratami, D./ Tripiawan, W./ Rahmanto, G. (2019): Assessing of project management process knowledge area: procurement based on project management maturity model. Case study of pqr company. In: *IOP Conference Series: Materials Science and Engineering, H.* 505. DOI: 10.1088/1757-899X/505/1/012004.

Raber, D. (2013): Reifegradmodellbasierte Weiterentwicklung von Business Intelligence im Unternehmen. Bamberg: DiFo-Druck. Online: https://www.e-helvetica.nb.admin.ch/api/download/urn%3Anbn%3Ach%3Abel-352914%3Adis4232.pdf, Abruf: 15.05.2024.

Rader, D. (2019): Digital maturity – the new competitive goal. In: *Strategy & Leadership,* 47. Jg., H. 5, S. 28–35. DOI: 10.1108/SL-06-2019-0084.

Rank, A.-K. (2022): Zukunftsweisendes Projektmanagement. Klassische und agile Ansätze in Verbindung. In: *PROJEKTMANAGEMENT AKTUELL,* 33. Jg., H. 2, S. 66–68.

Raps, A. (2017): Erfolgsfaktoren der Strategieimplementierung. Konzeption, Instrumente und Fallbeispiele. 4. Aufl. Wiesbaden: Springer Gabler.

Rietiker, S./ Böhle, F./ Dierig, S./ Feldmüller, D./ Scheurer, S./ Wald, A. (2022): Herausforderungen an die Projektmanagement- Forschung und -Förderung in Deutschland. In: *PROJEKTMANAGEMENT AKTUELL,* 33. Jg., H. 5, S. 22–27.

Rietiker, S./ Scheurer, S./ Wald, A. (2013): Mal andersrum gefragt: Ergebnisse einer Studie zu Misserfolgsfaktoren in der Projektarbeit. In: *PROJEKTMA-NAGEMENT AKTUELL,* 24. Jg., H. 4, S. 33–39.

Rossmann, A. (2016): Digitale Reifegradmodelle: theoretische Grundlagen und praktische Anwendung. In: *IM+io : das Magazin für Innovation, Organisation und Management,* 31. Jg., H. 4, S. 42–47.

Santos, R. C./ Martinho, J. L. (2020): An Industry 4.0 maturity model proposal. In: *Journal of Manufacturing Technology Management,* 31. Jg., H. 5, S. 1023–1043. DOI: 10.1108/JMTM-09-2018-0284.

Schawel, C./ Billing, F. (2017): Multiprojektmanagement. In: Schawel, C., Billing, F. (Hg.): Top 100 Management Tools. Das wichtigste Buch eines Managers von ABC-Analyse bis Zielvereinbarung. 6. Auflage. Wiesbaden: Springer Gabler, S. 223–225. DOI: 10.1007/978-3-658-18917-4_58.

Schelle, H. (2006): Das aktuelle Stichwort: Organizational Project Management Maturity Model (OPM3) des PMI. In: *PROJEKTMANAGEMENT AK-TUELL,* 17. Jg., H. 1, S. 29–31.

Schelle, H./ Linssen, O. (2018): Projekte zum Erfolg führen. Projektmanagement systematisch und kompakt. 8. Aufl. München: C.H. Beck.

Schenk, B./ Schneider, C. (2019): Mit dem digitalen Reifegradmodell zur digitalen Transformation der Verwaltung. Leitfaden für die Organisationsgestaltung auf dem Weg zur Smart City. Wiesbaden: Springer Gabler.

Scheurer, S. (2022): Die Zukunft des Projektmanagements. In: *PROJEKTMA-NAGEMENT AKTUELL,* 33. Jg., H. 5, S. 2. DOI: 10.24053/PM-2022-0090.

Schieder, C./ Blaser, F. (2017): Ein Reifegradmodell für die Personalisierung im E-Commerce. In: Stüber, E., Hudetz, K. (Hg.): Praxis der Personalisierung im Handel. Mit zeitgemäßen E-Commerce-Konzepten Umsatz und Kundenwert steigern. Wiesbaden, Heidelberg: Springer Gabler, S. 47–69. DOI: 10.1007/978-3-658-16244-3_3.

Schmidt, C. (1997): "Am Material": Auswertungstechniken für Leitfadeninterviews. In: Friebertshäuser, B., Prengel, A. (Hg.): Handbuch qualitative Forschungsmethoden in der Erziehungswissenschaft. Weinheim, München: Juventa-Verlag, S. 544–568.

Schmidt, K. (2003): Kritische Erfolgsfaktoren im Projektmanagement. In: *Organisationsentwicklung*, 22. Jg., H. 3, S. 86–89.

Schmidt, S. A. (2002): Das Project Management Maturity Model. projektmagazin. Taufkirchen (11). Online: https://www.projektmagazin.de/artikel/das-project-management-maturity-model_6557, zuletzt aktualisiert am 29.05.2002, Abruf: 14.04.2024.

Schmiedinger, C. (2023): So managen selbstorganisierte Teams übergreifende Projekte. Zwischen Autonomie und Alignment. projektmagazin. Taufkirchen (5). Online: https://www.projektmagazin.de/artikel/selbst-organisierte-teams-uebergreifende-projekte, zuletzt aktualisiert am 03.05.2023, Abruf: 14.04.2024.

Schönert, S. (2022): Multiprojektmanagement - Booster für die Digitalisierung der öffentlichen Verwaltung. In: *ifo Schnelldienst*, 75. Jg., H. 2, S. 14–16. Online: https://www.ifo.de/DocDL/sd-2022-02-digitale-transformation.pdf, Abruf: 15.04.2024.

Schönert, S. (2023): Multiprojektmanagement in der praktischen Anwendung. In: *Innovative Verwaltung*, 45. Jg. H. 1-2, S. 19–22.

Schröder, M. (2019): Strukturierte Verbesserung des Supply Chain Risikomanagements. Wiesbaden: Springer Fachmedien Wiesbaden GmbH.

Schulte-Zurhausen, M. (2014): Organisation. 6. Aufl. München: Franz Vahlen.

Schumann, S. (2018): Quantitative und qualitative empirische Forschung. Ein Diskussionsbeitrag. Wiesbaden: Springer VS.

Schwarz, C./ Schmitt, M. (2017): Reifegradmodell für Lean Production. In: *Zeitschrift für wirtschaftlichen Fabrikbetrieb*, 112. Jg. H. 7-8, S. 506–509. DOI: 10.3139/104.111761.

Seidl, J. (2011): Multiprojektmanagement. Übergreifende Steuerung von Mehrprojektsituationen durch Projektportfolio- und Programmmanagement. Berlin, Heidelberg: Springer.

Seidl, J. (2019): Grundlagen und Begriffe des Multiprojektmanagements. In: Hüsselmann, C., Seidl, J. (Hg.): Multiprojektmanagement. Herausforderungen und Best Practices. 2. Aufl. Saarbrücken: Der Lehrbuchverlag, S. 19–28.

Shewhart, W. A. (1980): Economic control of quality of manufactured product. Milwaukee: American Society for Quality Control.

Silva, R./ Duarte, N./ Barros, T./ Fernandes, G. (2019): Project Management Maturity: Case study analysis using OPM3 ® model in manufacturing industry. In: ICE International Conference on Engineering, Technology and Management (Hg.): 2019 IEEE International Conference on Engineering, Technology and Innovation. Valbonne Sophia-Antipolis, France, 17.06.2019 - 19.06.2019. Nizza: IEEE, S. 1–8.

Soeffner, H.-G. (2014): Interpretative Sozialwissenschaft. In: Mey, G., Mruck, K. (Hg.): Qualitative Forschung. Analysen und Diskussionen - 10 Jahre Berliner Methodentreffen. Wiesbaden: Springer VS, S. 35–53. DOI: 10.1007/978-3-658-05538-7_2.

Solle, C./ Schumann, F. (2019): Reifegradmodell „Doku 4.0". In: Stich, V., Schumann, J. H., Beverungen, D., Gudergan, G., Jussen, P. (Hg.): Digitale Dienstleistungsinnovationen. Smart Services agil und kundenorientiert entwickeln. Berlin, Heidelberg: Springer Vieweg, S. 473–490. DOI: 10.1007/978-3-662-59517-6_23.

Sowden, R./ Hinley, D./ Clarke, S. (2010): Portfolio, Programme and Project Management Maturity Model (P3M3®). Introduction and Guide to P3M3®. 2.1. Aufl. The Office of Government (OGC) (Hrsg.). London.

Spang, K./ Graf, P. (2014): Unternehmensstrategie und Projektarbeit - Ein Ansatz zur Schließung der Implementierungslücke. In: *PROJEKTMANAGEMENT AKTUELL,* 25. Jg., H. 3, S. 16–24.

Specht, D./ Höltz, N./ Hahn, A. (2014): Entwicklung von Reifegradmodellen am Beispiel des Lean Logistics Maturity Model. In: *Zeitschrift für wirtschaftlichen Fabrikbetrieb,* 109. Jg., H. 11, S. 809–813. DOI: 10.3139/104.111224.

Sterrer, C. (2014): Das Geheimnis erfolgreicher Projekte. Kritische Erfolgsfaktoren im Projektmanagement – Was Führungskräfte wissen müssen. Wiesbaden: Springer Gabler.

Stoffers, P./ Karla, J./ Kaufmann, J. (2022): Digitalisierung von Management-Reporting-Prozessen – Ein technologieorientiertes Reifegradmodell zum Einsatz in KMU. In: *HMD Praxis der Wirtschaftsinformatik,* 59. Jg., H. 3, S. 940–960. DOI: 10.1365/s40702-021-00787-z.

Streng, M./ Fürst, A. (2006): Wissenstransfer im Projektmanagement - Sinn und Unsinn von Anreizsystemen. In: *Projektmagazin,* 5. Jg., H. 19, S. 1–7.

Tappe, D. (2010): Das Reifegradmodell OPM3® – Trainingsprogramm für Ihre Projektorganisation. In: *Projektmagazin,* S. 1–11. Online: https://www.projektmagazin.de/artikel/das-reifegradmodell-opm3r-trainingsprogramm-fuer-ihre-projektorganisation_7279, Abruf: 18.02.2024.

Trinczek, R. (2002): Wie befrage ich Manager? Methodische und methodologische Aspekte des Experteninterviews als qualitativer Methode empirischer Sozialforschung. In: Bogner, A. (Hg.): Das Experteninterview. Theorie, Methode, Anwendung. Opladen: Leske + Budrich, S. 209–222. DOI: 10.1007/978-3-322-93270-9_10.

Vaz, C. R./ Selig, P. M./ Viegas, C. V. (2019): A proposal of intellectual capital maturity model (ICMM) evaluation. In: *Journal of Intellectual Capital,* 20. Jg., H. 2, S. 208–234. DOI: 10.1108/JIC-12-2016-0130.

Vrielink, N./ Humpert-Vrielink, F. (2022): Anwendung von Reifegradmodellen zur Messung des Umsetzungserfolgs. In: Henke, V., Hülsken, G., Meier, P.-M., Beß, A. (Hg.): Digitalstrategie im Krankenhaus. Einführung und Umsetzung von Datenkompetenz und Compliance. Wiesbaden, Heidelberg: Springer Gabler, S. 197–209. DOI: 10.1007/978-3-658-36226-3_14.

Wagner, K. W./ Dürr, W. (2008): Reifegrad nach ISO/IEC 15504 (SPiCE) ermitteln. 1. Aufl. Bern, et al.: Hanser (Nr. 51).

Wagner, R. (2010): Assessments im PM - Die Reifeprüfung für projektorientierte Organisationen. In: *PROJEKTMANAGEMENT AKTUELL,* 21. Jg., H. 2, S. 24–30.

Wagner, R. (2012): Standards für das Multiprojektmanagement. Steigende Zahl von Projekten erfordert neue Managementansätze. In: *Projektmagazin, H.* 4, S. 1–13. Online: https://www.projektmagazin.de/artikel/standards-fuer-das-multiprojektmanagement_1064617, Abruf: 18.04.2024.

Wagner, R. (2015): Projektmanagement in der Automobilindustrie. Herausforderungen und Erfolgsfaktoren. 1. Aufl. Wiesbaden: Springer Fachmedien GmbH.

Wagner, R. (2022): Schwerpunkt: Projektmanagement für die Gesellschaft. Interview mit Andres Fogh Jensen. In: *PM,* 33. Jg., H. 1, S. 24–31. DOI: 10.24053/PM-2022-0006.

Waidelich, L./ Richter, A./ Buthmann, P./ Wirth, J./ Kölmel, B. (2019): Digitalisierungsreifegrad-Modelle für KMU. In: *ERP Management,* 15. Jg., H. 3, S. 28–31. DOI: 10.30844/ERP19-3_28-31.

Weber, I./ Fischer, S./ Eireiner, C. (2020): Wissenschaftliche Grundlagen für ein agiles Reifegradmodell. In: Häusling, A. (Hg.): Agile Organisationen. Transformationen erfolgreich gestalten - Beispiele agiler Pioniere. 2. Aufl. Freiburg, et al.: Haufe Group, S. 29–46.

Weber, S. T./ Wernitz, F. (2021): Die Inhaltsanalyse nach Mayring als Auswertungsmethode für wissenschaftliche Interviews. IUBH Discussion Papers - Business & Management. IU Internationale Hochschule. Erfurt (6/2021). Online: https://hdl.handle.net/10419/235486, Abruf: 15.05.2024.

Weilacher, S. (2004): Projektmanagement organisationsweit einführen mit OPM3. projektmagazin (1). Online: https://www.projektmagazin.de/artikel/projektmanagement-organisationsweit-einfuehren-mit-opm3_6685, Abruf: 21.04.2024.

Wendler, R. (2013): Reifegradmodelle für das IT-Projektmanagement. Professoren der Fachgruppe Wirtschaftsinformatik (Hrsg.). Technische Universität Dresden. Dresden (Dresdner Beiträge zur Wirtschaftsinformatik, 53/09). Online: https://tud.qucosa.de/landing-page/?tx_dlf[id]=https%3A%2F%2Ftud.qucosa.de%2Fapi%2Fqucosa%253A27334%2Fmets, Abruf: 22.04.2024.

Wendler, R. (2014): Reifegradmodelle: Anwendungspotenziale in der Betriebswirtschaftslehre. In: *Der Betriebswirt,* 55. Jg., H. 1, S. 32–36. DOI: 10.3790/dbw.55.1.32.

Wernitz, F. (2018): Das Experteninterview als Datenerhebungsmethode in Prüfungsarbeiten. IUBH Internationale Hochschule. Bad Honnef (IUBH Discussion Papers - Business & Management, 2/2018). Online:

https://www.econstor.eu/bitstream/10419/193021/1/iubh-dpbm-2-2018.pdf, Abruf: 23.04.2024.

Wessing, S./ Müller, E. (2022): Produktion der Zukunft – Reifegradmodell als Analyseinstrument. In: *Zeitschrift für wirtschaftlichen Fabrikbetrieb,* 117. Jg., H. 6, S. 410–414. DOI: 10.1515/zwf-2022-1081.

Wichmann, A. (2020): Quantitative und Qualitative Forschung im Vergleich. Denkweisen, Zielsetzungen und Arbeitsprozesse. 1. Aufl. Berlin: Springer (Psychologie für Studium und Beruf).

Winter, R./ Mettler, T. (2015): Kontinuierliche Business Innovation: Systematische Weiterentwicklung komplexer Geschäftslösungen durch Reifegradmodell-basiertes Management. In: Hoffmann, C., Lennerts, S., Schmitz, C., Stölzle, W., Übernickel, F. (Hg.): Business Innovation. Wiesbaden: Springer Fachmedien Wiesbaden, S. 163–183. DOI: 10.1007/978-3-658-07167-7_11.

Wolenski, T. (2013): Termine, Ressourcen und Kosten steuern. In: Wagner, R., Grau, N. (Hg.): Basiswissen Projektmanagement - Projekte steuern und erfolgreich beenden. 1. Aufl. Düsseldorf: Symposion Publishing GmbH, S. 49–66.

Wolf, V. (2021): Erstellung eines Reifegradmodells für den BSI-Standard 2004. Technische Hochschule Brandenburg. Berlin. Online: https://www.bsi.bund.de/SharedDocs/Downloads/DE/BSI/Grund-schutz/Hilfsmittel/Extern/Diplomarbeiten/Wolf_BCM_Reifegrad.html, Abruf: 25.04.2024.

Young, M./ Young, R./ Romero Zapata, J. (2014): Project, programme and portfolio maturity: a case study of Australian Federal Government. In: *International Journal of Managing Projects in Business,* 7. Jg., H. 2, S. 215–230. DOI: 10.1108/IJMPB-08-2013-0034.

Anhang

Anhang A: Ergebnisse Studien - Absolute Nennung der Erfolgsfaktoren

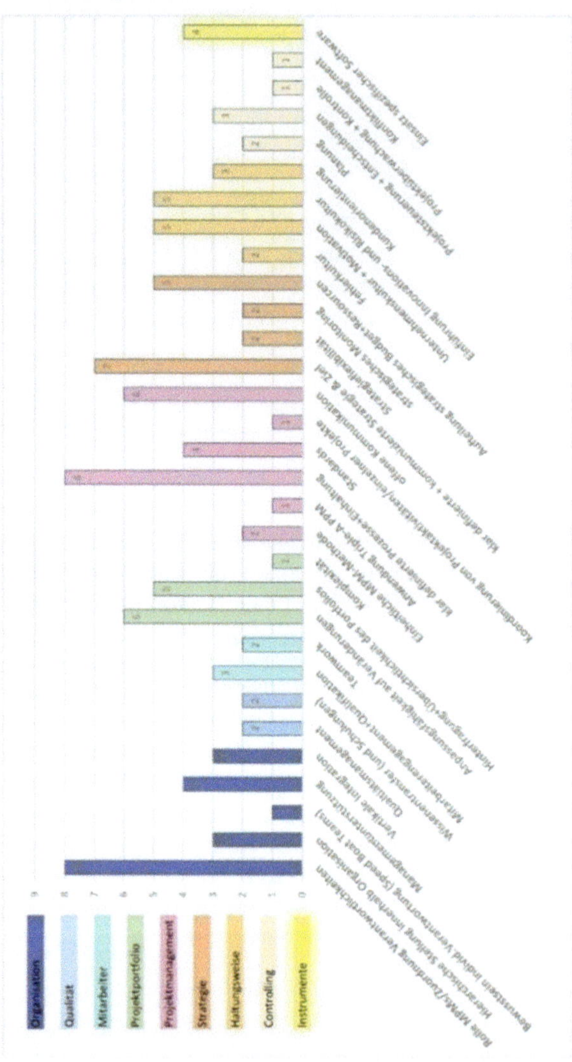

Anhang B: Kurzvorstellung Studien

#	Studie	Verfassende	Jahr	Methodik	N	Rücklaufquote	Stichprobe	Erfolgsfaktoren	Problembereich
1	Volkswagengen Coaching Institut für PM und Innovation	Schmidt, K. (2003)	2003[352]	Interviews	300[353]	k.A.	Unternehmen aus DE	Managementunterstützung, Fehlerakzeptanz, Standardisierung, offene Kommunikation, Unternehmenskultur, Einordnung inner-halb der Organisation, Mitarbeiter-	fehlende Rücklaufquote, Verzerrung bei Auswahl (Fokus auf PM-Experten)[355]

[352] Vgl. Schmidt, K. (2003): S. 86.
[353] Vgl. Schmidt, K. (2003): 87 f.
[355] Vgl. Schmidt, K. (2003): S. 86.

#	Studie	Verfassende	Jahr	Methodik	N	Rücklaufquote	Stichprobe	Erfolgsfaktoren	Problembereich
								motivation, Wissenstransfer (Schulungen)[354]	
2	TU Berlin	Dammer, H./ Gemünden, H. G. (2005) und Dammer, H./ Gemünden, H. G. (2006)	April 2004 - Dezember 2005[356]	Befragung + Interview	236[357]	k.A.	Unternehmen aus DE mit mind. 20 Projekten, Schwerpunkt IT-Projekte (33%), F&E Projekte (25%)[358]	Anpassungsfähigkeit an Veränderungen, Zuordnung von Verantwortlichkeiten, Managementunterstützung, Stellung in der	fehlende Rücklaufquote

---

[354] Vgl. Schmidt, K. (2003): 87 f.
[356] Vgl. Dammer, H./ Gemünden, H. G. (2005): S. 1.
[357] Vgl. Dammer, H./ Gemünden, H. G. (2005): S. 1 und Dammer, H./ Gemünden, H. G. (2006): S. 1
[358] Vgl. Dammer, H./ Gemünden, H. G. (2006): S. 2.

#	Studie	Verfassende	Jahr	Methodik	N	Rücklaufquote	Stichprobe	Erfolgsfaktoren	Problembereich
								Organisation[359]	
3	MPM	Dammer, H. (2008)	April - November 2005[360]	Befragung von Koordinator u. Entscheider	223	19,7%[361]	Unternehmen DACH, Branche Finanz- und Versicherung (26 %) & Automobil (11%), [362]	Top-Management Unterstützung, Prozessformalisierung, IT-Unterstützung, Innovationen[363]	Verzerrung bei Auswahl (keine zufällige Auswahl, min. 20 Projekte)[364]

[359] Vgl. Dammer, H./ Gemünden, H. G. (2006): 3 f.
[360] Vgl. Dammer, H. (2008): S. 89.
[361] Vgl. Dammer, H. (2008): S. 90.
[362] Vgl. Dammer, H. (2008): S. 92.
[363] Vgl. Dammer, H. (2008): 152 f.
[364] Vgl. Dammer, H. (2008): S. 89.

#	Studie	Verfassende	Jahr	Methodik	N	Rücklaufquote	Stichprobe	Erfolgsfaktoren	Problembereich
4	Missler-Behr, M. et al. (2007)	Missler-Behr/ Hofer/ Wirth/ Hehli	2006[365]	Befragung	55	5,5%[366]	Unternehmen aus Schweiz, 68 % KMUs[367]	Management-unter-stützung, Einsatz MPmanager, einheitliche Methoden, klare Management-prozesse, Wissenstransfer, Unternehmenskultur Mitarbeitenga-gement,	geringe Rücklaufquote, Verzerrung bei Auswahl (Schwerpunkt auf KMUs)

[365] Vgl, Missler-Behr, M. et al. (2007): S. 23.
[366] Vgl, Missler-Behr, M. et al. (2007): S. 24.
[367] Vgl, Missler-Behr, M. et al. (2007): S. 27.

#	Studie	Verfassende	Jahr	Methodik	N	Rücklaufquote	Stichprobe	Erfolgsfaktoren	Problembereich
								Einsatz Software[368]	
5	Erfolgsfaktoren und Nutzen des Multiprojektmanagements	Pohl, P. (2007)	2007[369]	Befragung	k.A.	k.A.	Unternehmen aus DE aus unterschiedlichen Branchen, Voraussetzung: bereits MPM implementiert[370]	Einheitliche Methode + Prozesse, Hinterfragung Port-folio, Koordinierung einzelner Projekte, Ressourcenaufteilen, Projektsteuerung, Unternehmenskultur Stellung	fehlende Angabe zur Teilnehmerzahl und Rücklaufquote

[368] Vgl. Missler-Behr, M. et al. (2007): S. 69.
[369] Vgl. Pohl, P. (2007): S. 24.
[370] Vgl. Pohl, P. (2007): S. 24.

#	Studie	Verfassende	Jahr	Methodik	N	Rücklaufquote	Stichprobe	Erfolgsfaktoren	Problembereich
								innerhalb der Organisation, Rollenzuordnung, Wissen + Qualifikation der Mitarbeiter, Kommunikation, klare Strategie, Risikobewertung[371]	
6	PM Studie GPM und PA Con-	Engel, C./ Tamdjidi, A./	2008[372]	Befragung	79[373]	k.A.	Unternehmen (Deutschland) aus Bran-chen	offene Kommunikation, klare Ziele,	Verzerrung bei Auswahl (nur

---

[371] Vgl. Pohl, P. (2007): 25 f.
[372] Vgl. Engel, C./ Tamdjidi, A./ Quadejacob, N. (2008): S. 1.
[373] Vgl. Engel, C./ Tamdjidi, A./ Quadejacob, N. (2008): 1.

#	Studie	Verfassende	Jahr	Methodik	N	Rücklaufquote	Stichprobe	Erfolgsfaktoren	Problembereich
	sulting Group	Quadejacob, N. (2008)					Auto-mobil (20%), Beratung (13%), IT (11%),Versicherung (10%), mehr als 1.000 Mitarbeiter[374]	Rolle Projektleiter, klar definierter PM-Prozess, Teamwork[375]	Unternehmen mit mehr als 1.000 MA), fehlende Rücklaufquote
7	4. Studie zum MPM der TU Berlin	Meskendahl, S. et al. (2011)	2009[376]	Befragung	219[377]	k.A.	Unternehmen (Deutschland) aus Branchen Fahrzeug-/ Maschinenbau (21%),	klar definiert Rolle, Abgrenzung von Verantwortlichkeiten, Hinterfragung	Verzerrung bei Auswahl (mind. 20 Projekte parallel)[380], fehlende

---

[374] Vgl. Engel, C./ Tamdjidi, A./ Quadejacob, N. (2008): 3 f.
[375] Vgl. Engel, C./ Tamdjidi, A./ Quadejacob, N. (2008): S. 11.
[376] Vgl. Meskendahl, S. et al. (2011): S. 20.
[377] Vgl. Meskendahl, S. et al. (2011): S. 20.
[380] Vgl. Meskendahl, S. et al. (2011): S. 20.

#	Studie	Verfassende	Jahr	Methodik	N	Rücklaufquote	Stichprobe	Erfolgsfaktoren	Problembereich
							Banken/Versicherungen (21%), Elektrik (12%) Portfolio mit ⌀ 132 Projekten[378]	Portfolio, Planung, vertikale Integration, Standards, einheitlicher Prozess, Anpassungsfähigkeit auf Bedingungen, Aufteilung Budget, strategisches Monitoring[379]	Rücklaufquote

---

[378] Vgl. Meskendahl, S. et al. (2011): S. 20.
[379] Vgl. Meskendahl, S. et al. (2011): S. 22–24.

#	Studie	Verfassende	Jahr	Methodik	N	Rücklaufquote	Stichprobe	Erfolgsfaktoren	Problembereich
8	5. MPM Benchmarkingstudie TU Berlin	Gemünden, H. G. et al. (2011)	2011[381]	Befragung + Vergleich	200[382]	k.A.	Unternehmen (Deutschland) F&E, IT, Organisationsprojekte Projektportfolios mit ⌀ 122 Projekten + Gesamtbudget 25,3 Mrd. €, aus Branchen Maschinen-/ Fahrzeugbau 27%, IT 18%, Banken	Innovationskultur, professionelle + definierte Prozesse, offene Kommunikationskultur, Kundenorientierung, klar definierte Strategie[384]	fehlende Rücklaufquote

---

[381]   Vgl. Gemünden, H. G. et al. (2011): S. 3.
[382]   Vgl. Gemünden, H. G. et al. (2011): S. 3.
[384]   Vgl. Gemünden, H. G. et al. (2011): 3, 69.

#	Studie	Verfassende	Jahr	Methodik	N	Rücklaufquote	Stichprobe	Erfolgsfaktoren	Problembereich
							/Versicherungen 20%[383]		
9	Misserfolgsfaktoren Projektarbeit	Rietiker, S./ Scheurer, S./ Wald, A. (2013)	2013	Befragung	151	k.A.	Unternehmen DE aus Branche Beratung (22%) IT (15%), öffentliche Unternehmen (11%), Projekte (47,7%), IT (20,8%), Organisation (17,7%), F&E (20,8%)	klar definierte Projektziele, Erkennung von Veränderungen, Projektplanung, offene Kommunikation, Kundenorientierung, Aufteilung Budget, Einsatz Software, Reduzierung	Verzerrung bei Auswahl, keine zufällige Auswahl, keine Rücklaufquote

---

[383]   Vgl. Gemünden, H. G. et al. (2011): S. 11.

#	Studie	Verfassende	Jahr	Methodik	N	Rücklaufquote	Stichprobe	Erfolgsfaktoren	Problembereich
								Komplexität[385]	
10	Hochschule Koblenz in Kooperation mit GPM	Komus, A. (2015)	Oktober - November 2014	Befragung (Analyse Musterrojekte)	458	k.A.	Unternehmen aus DE aus Branchen Unternehmensberatung (20%), IT (18%), Banken/ Versicherungen (9%), Handel (3%)[386]	Rollenzuordnung, Risikokultur, zeitnahe Treffen von Entscheidungen, Fehlerkultur, Teamwork, Motivation, Standards, Anpassungsfähigkeit,	Verzerrung bei Rücklauf, 70% halten Unternehmen als erfolgreicher als Wett-bewerber,[388] fehlende Rücklaufquote

---

[385] Vgl. Rietiker, S./ Scheurer, S./ Wald, A. (2013): S. 37.
[386] Vgl. Komus, A. (2015): S. 138.
[388] Vgl. Komus, A. (2015): S. 141.

#	Studie	Verfassende	Jahr	Methodik	N	Rücklaufquote	Stichprobe	Erfolgsfaktoren	Problembereich
								Qualitätsmanagement[387]	
11	6. MPM Benchmarkingstudie TU Berlin	Kopmann, J. et al. (2015)	2014	Befragung + Bewertung	200	k.A.	Unternehmen aus DE aus Branche Fahrzeug-/Maschinenbau (26%), IT (18%), Bau/Infrastruktur (11%), Gesundheitswesen (8%), Logistik (7%), Projektportfolio mit ø 127 Projekten	höhere Reife der Aufbauorganisation, Einsatz IT-Systeme, Prozessqualität, vertikale Integration Ressourcen aufteilen, Kompetenzen + Motivation Mitarbeiter,	Verzerrung bei Auswahl (mind. 20 Projekte parallel, nur Groß- und Mittelständische Unternehmen), fehlende Rücklaufquote

---

[387] Vgl. Komus, A. (2015): 19 f.

#	Studie	Verfassende	Jahr	Methodik	N	Rücklaufquote	Stichprobe	Erfolgsfaktoren	Problembereich
								Anpassungsfähigkeit, Strategieflexibilität, Projektsteuerung, klare Prozesse, standardisierte Vorgehensweisen[389], Kundenorientierung	

---

389   Vgl. Kopmann, J. et al. (2015): S. 33–36.

Anhang C: Übersicht Reifegradmodelle

Bezeich-nung	Verfassende	Jahr	Beschreibung
Berkeley (PM)2	Kwak, Y. H./ William, C. (2000)	2000	Berkeley Project Management Process Maturity Model
CMMI	SEI	2001	Capability Maturity Model Integration Reifegradmodell
Spice	Nach ISO/IEC 15504	2001	Software Process Improvement and Capability Determination
PMMM	Kerzner	2001	Project Management Maturity Model
OPM3	Project Management Institute (2013)	2003	Reifegradmodell für Projektmanagementsysteme
P2MM	Britische Finanzministerium	2003	Prince2 Maturity Model
P3M3	Britische Finanzministerium	2005	Portfolio, Programme and Projectmanagement Maturity Model
IPMA Delta	IPMA	2015	Reifegradmodell zur Messung der Projektmanagement-Reife

Anhang D: Reifegradmodell nach CMMI[351]

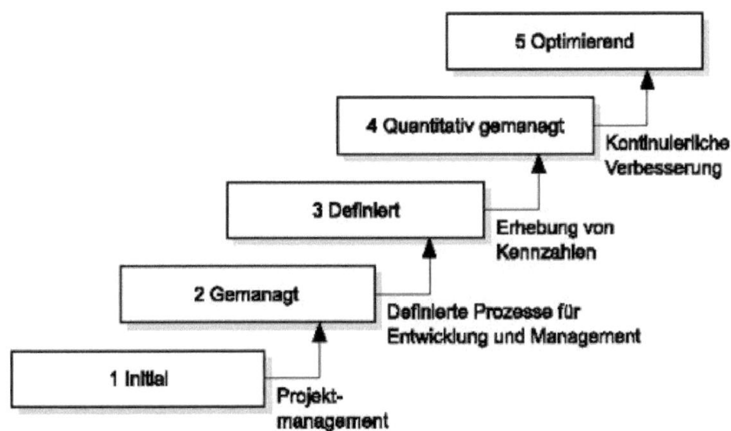

Anhang E: Reifegradmodell nach OPM3 - Entwicklung des Reifegrads[352]

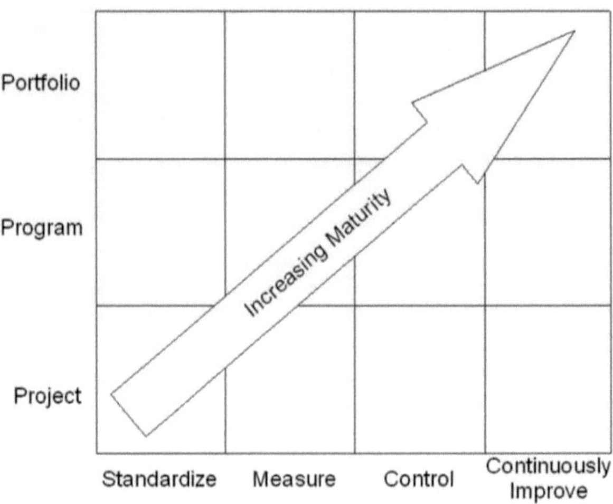

---

[352] Quelle: Linssen, O./ Rachmann, A. (2008): S. 138, in Anlehnung an Project Management Institute (2013): Kap. 2.3 und 2.4.1.3.

Anhang F: Reifegradmodell nach OPM3 - Prozessgruppen in OPM3[353]

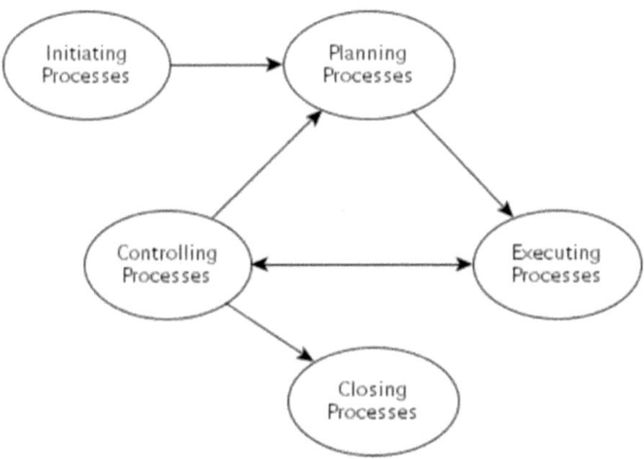

---

[353] Quelle: Linssen, O./ Rachmann, A. (2008): S. 140, in Anlehnung an Project Management Institute (2013): Kap. 3.2.7.

Anhang G: OPM3 Reifegradmodell[354]

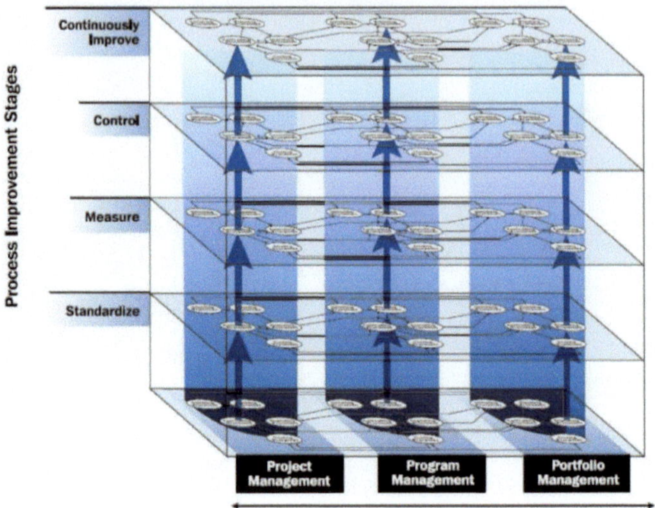

Anhang H: Reifegradmodell nach PMMM[355]

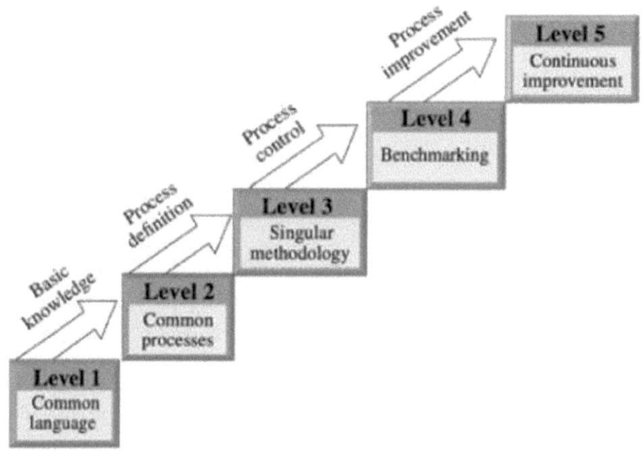

---

[355] Quelle: Hutabarat, N. et al. (2021): S. 2 in Anlehnung an Kerzner, H. (2019): S. 40.

Anhang I: P3M3 Struktur[356]

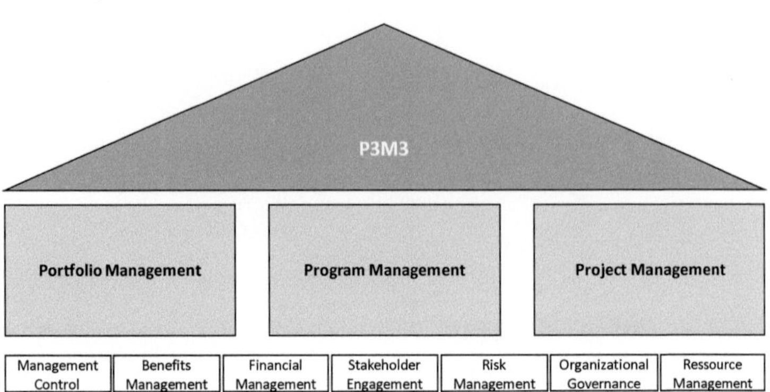

---

[356] In Anlehnung an Sowden, R./ Hinley, D./ Clarke, S. (2010): S. 7.

Anhang J: Interviewleitfaden

1. **Allgemeine Fragen zur Persönlichkeit**
   1.1. Wie heißen Sie?
   1.2. Wie alt sind Sie?
   1.3. Welche berufliche Tätigkeit üben Sie aus?
   1.4. Wie lange üben Sie diese Tätigkeit schon aus?
   1.5. Welche Hauptaufgaben umfasst Ihre berufliche Tätigkeit?
   1.6. Welche anderen beruflichen Erfahrungen haben Sie schon sammeln können?

2. **Multiprojektmanagement**
   2.1. Was ist nach Ihrem Verständnis unter Multiprojektmanagement zu verstehen?
   2.2. Welche Veränderungen/neuen Bedürfnisse erleben Sie im Projektalltag?
   2.3. Welche Erfahrungen haben Sie in Hinblick auf das Multiprojektmanagement?
   2.4. Haben Sie in Ihrer Praxis bereits Probleme mit Mehrprojektsituationen gehabt?
   2.5. Welche Herausforderungen sehen Sie in Bezug auf die Mehrprojektsituationen?
   2.6. Welche Faktoren sehen Sie als Relevant für ein erfolgsreiches Multiprojektmanagement an? Woran messen Sie Erfolg?
   2.7. Wie zufrieden sind Sie mit dem MPM in Ihrem Unternehmen?

3. **Reifegradmodelle**
   3.1. Haben Sie bereits Erfahrungen mit Reifegradmodellen?
   3.2. Werden in Ihrem Bereich bereits Reifegradmodelle eingesetzt?
   3.3. Welche konzeptionellen Anforderungen stellen Sie an ein Reifegradmodell für das Multiprojektmanagement? Beispiele was ist konzeptionell?
   3.4. Welche inhaltlichen Anforderungen stellen Sie an ein Reifegradmodell für das Multiprojektmanagement?
   3.5. Welche besonderen Bedürfnisse des Multiprojektmanagements sollten auch im Unterschied zu bereits bestehenden Projektmanagement-Modellen aufge-nommen werden?
   3.6. Welchen Nutzen sollte das Reifegradmodell für Sie bringen? Worin sehen Sie Vorteile?
   3.7. Wie sollte die Struktur des Reifegradmodells sein?

3.7.1. Welche Anzahl an Stufen ist für das Reifegradmodell am geeignetsten?

3.7.2. Wie viele Dimension erachten Sie für sinnvoll?

3.7.3. Welche Dimensionen sind für das Multiprojektmanagement besonders wichtig?

3.7.4. Wie soll die Bewertung ablaufen (welche Instrumente)? Welche Messmethodik würden Sie verwenden? Wer Messung durchführen?

3.8. Welche inhaltlichen Punkte sollten mit in die Reifegradeinordnung einbezogen werden?

Anhang K: Reduzierung durch Filter[357]

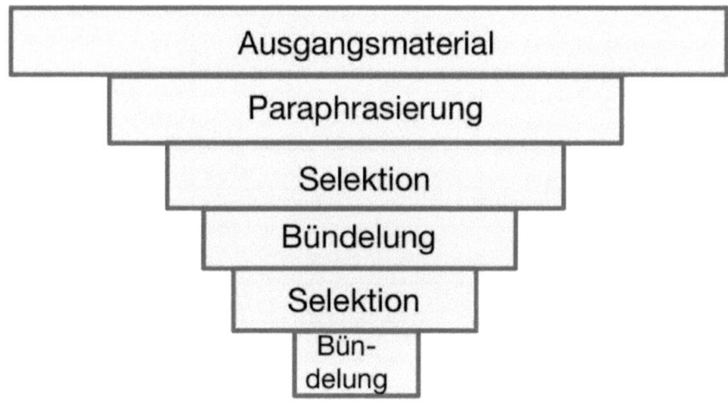

---

[357] In Anlehnung an Mayring, P. (2016): S. 29.

Anhang L: Auswertung Experteninterviews

	E1	E2	E3	E4	E5	E6	E7	E8	E9	E10	E11	E12	E13	Σ
Institutionalisierung														
Zentrale Abteilung									x					1
Aufgaben														
Planung	x	x	x					x		x	x			6
Steuerung	x	x	x	x		x	x	x	x	x	x	x		11
Abstimmung Projekte			x	x		x		x	x		x	x	x	8
Projektauswahl							x		x			x		3
Kontrolle										x				1
Kompetenzen														
Mehrerfahrung	x													1
Kommunikationsstärke					x		x							2
Verständnis für komplexe Sachverhalte							x		x		x			3
Koordinieren können											x			1
Ausbildung					x	x		x						3
Teamgedanke						x		x						2
Probleme														
Abhängigkeiten zwischen Projekten	x		x	x	x	x		x	x	x		x	x	10
Agilität		x									x			2
Verschiedene Projektanforderungen		x												1
Fehlende Vergleichbarkeit		x									x	x		3
Ressourcenknappheit			x	x	x		x	x	x	x	x		x	9
Motivation der Mitarbeiter			x			x			x					3
Kommunikation				x										1
Kompetenzverlust									x	x				2
Fehlende technische Unterstützung											x			1
Herausforderungen														
Zunehmende Anzahl an Projekte	x		x		x	x					x			5
Schnelle Veränderungen	x		x									x		3
Anpassungsfähigkeit	x		x									x		3
Risikomanagement		x												1
Priorisierung der Projekte		x		x		x	x			x				5
Standardisierte Prozesse				x				x	x					3
Langfrisitige Planung				x					x					2
Gesamtverantwortung übernehmen											x			1
Mehrwert herausstellen											x			1
Einflussfaktoren														
Steigende Tempo	x					x	x				x	x		5
Sich schnell wandelnde Umwelt	x	x					x		x	x	x	x		7
Kundenbedürfnisse			x			x	x							3
Nachhaltigkeit		x												1
Internationalisierung				x					x					2
Neuausrichtung Unternehmen					x									1
Digitalisierung									x		x			2
Erfolgsfaktoren														
Mitarbeiterkompetenzen	x	x		x		x	x	x	x	x	x			9
Kundenorientierung	x													1
Portfolioagilität/Anpassungsfähigkeit		x												1
Strategieklarheit + Ziele		x				x	x	x		x		x		6
Unternehmenskultur		x		x										2
Mitarbeitermotivation		x												1
Klare Verantwortlichkeiten		x				x				x				3
Ressourcenmanagement						x	x	x			x			4
Projektübersicht+Abstimmung			x				x						x	3
Managementunterstützung			x						x					2
IT/Software			x			x					x			3
Standardisierte Prozesse				x		x					x			3
Akzeptanz					x	x					x			3

	E1	E2	E3	E4	E5	E6	E7	E8	E9	E10	E11	E12	E13	Σ
Anforderungen														
Schnelle und einfache Anwendung	x				x	x				x				4
Zielsetzung klar: Speziell fürs MPM		x		x			x	x	x		x	x	x	8
Orientierung an Lebenszyklus	x							x						2
Handlungsempfehlungen		x							x	x				3
Enthalung Prozess MPM		x	x	x			x	x		x	x	x		8
Kulturelle Faktoren/Unternehmenskultur		x						x		x				3
Koordinierung Projekte			x	x	x			x				x		5
Enthaltung Vergleichbarkeit Projekte		x			x	x	x		x					5
Akzeptanz					x	x		x						3
Weiterentwicklung					x									1
Ressourcenverteilung						x			x			x	x	4
Kompetenzen							x	x	x	x	x			5
Klare Stufeneinteilung und Beschreibung						x					x	x		3
Organisatorische Einordnung											x	x		2
Zuordnung Verantwortlichkeiten												x		1
Reifegradstufen														
drei bis vier											x			1
vier bis fünf		x	x			x		x						4
fünf bis sieben				x										1
vier												x		1
fünf					x		x			x				3
Maximal 4	x													1
Maximal 5				x										1
Keine genaue Zahl													x	1
Dimensionen														
Anzahl														
Drei												x		1
Drei bis fünf	x													1
Vier bis fünf			x			x	x	x	x	x	x			7
Keine feste Zahl, abhängig von Ziel			x											1
Lieber weniger als mehr				x					x		x			3
Je differenzierter, umso besser		x												1
Bennenung														
Organisation	x	x	x		x	x		x		x		x		8
Kompetenzen	x		x	x	x	x	x	x	x	x	x			10
Strategie		x					x					x		3
Prozesse	x	x	x		x	x	x	x		x	x			9
Finanzen			x		x							x		3
Ressourcen					x	x	x	x		x		x		6
IT/Software				x			x	x		x	x			5
Reifegradmessung														
Einfache Kriterien	x				x	x	x	x		x				6
Finanzkennzahlen			x											1
Qualitativ			x									x		2
Skala		x	x								x			3
Checklisten			x		x		x		x					4
Fragebögen		x		x		x		x		x	x	x		7
Workshopform										x				1
Interviews										x				1
Systemisch/IT-Tools					x	x			x			x		4
Verantwortlichkeiten														
Projektleiter	x	x	x	x		x		x	x	x	x	x		10
PMO (Unterstützen/Zusammentragen)			x	x	x		x	x			x			6
Projektteam					x		x			x	x		x	5
MPM-Leiter		x							x					2
Projektauftraggeber										x				1
Unterstützung externer Berater											x			1

Anhang M: Fragebogen zur Reifegradeinordnung

1. Fragen zur Organisation

    1.1. Besteht bei Ihnen eine separate MPM-Abteilung?
- Ja
- Nein

    1.2. Werden Projektabhängigkeiten betrachtet?
- Ja
- Nein

    1.3. Besteht ein MPM-Leiter?
- Ja
- Nein

    1.4. Bestehen neben dem MPM-Leiter weitere Rollen?
- Ja
- Nein

    1.5. Bei bestehenden MPM: Ist die Stellung organisationsweit anerkannt?
- Ja
- Nein

2. Fragen zu Prozessen

    2.1. Bestehen Vorgehensweisen zur Steuerung von Mehrprojektsituationen?
- Ja
- Nein

    2.2. Bestehen standardisierte Prozesse für das MPM?
- Ja
- Nein

    2.3. Sind die Prozesse klar definiert und unternehmensweit eingeführt?
- Ja
- Nein

    2.4. Wird die Einhaltung der Prozesse kontrolliert?
- Ja
- Nein

    2.5. Werden bestehende Prozesse des MPMs regelmäßig überprüft und optimiert?
- Ja
- Nein

3. Fragen zu Kompetenzen

3.1. Haben Ihre Mitarbeiter Erfahrungen im Bereich MPM?
  - Ja
  - Nein

3.2. Verfügen die Mitarbeiter über spezielle Kenntnisse im Bereich MPM?
  - Ja
  - Nein

3.3. Weisen die Mitarbeiter des MPMs eine hohe Analysefähigkeit auf?
  - Ja
  - Nein

3.4. Sind den Mitarbeiter die komplexen Sachverhalte verständlich?
  - Ja
  - Nein

3.5. Werden Schulungen zur Vertiefung und Aktualisierung des Wissens angeboten?
  - Ja
  - Nein

4. Fragen zu Ressourcen

4.1. Besteht eine Ressourcendatenbank?
  - Ja
  - Nein

4.2. Ist Ihnen klar, welche Projekte welche Ressourcen wann benötigt?
  - Ja
  - Nein

4.3. Bestehen Kriterien zur Ressourcenverteilung?
  - Ja
  - Nein

4.4. Besteht ein Prozess zur Priorisierung der Projekte bezüglich der Ressourcen?
  - Ja
  - Nein

4.5. Werden geänderte Umweltbedingungen beachtet und gemonitort?
  - Ja
  - Nein

5. Fragen zur Technologie

5.1. Bestehen bei Ihnen Projektmanagementsysteme?

- Ja
- Nein

5.2. Ermöglichen die bestehenden Systeme eine übergreifende Betrachtung der Projekte?

- Ja
- Nein

5.3. Werden bestehende Systeme für das MPM genutzt?

- Ja
- Nein

5.4. Gibt es spezielle IT-Systeme für das MPM?

- Ja
- Nein

5.5. Bei bestehenden MPM IT-Systeme: Werden diese Weiterentwickelt?

- Ja
- Nein

Anhang N: Reifegradmodell Handlungsempfehlungen

	Organisation	Prozesse	Kompetenzen	Ressourcen	Technologien
Handlungsempfehlungen für MPM-Initiierer	• Aufnahme von Zusammenhängen zwischen Projekten ins PM • Betrachtung Interdependenzen Projekte	• Dokumentation Vorgehensweise • Orientierung Durchführung Entscheidung analog zur alten Vorgehensweise	• Sensibilisierung Mitarbeiter für Abhängigkeiten zwischen Projekten • Schulung Mitarbeiter zum Aufzeigen Interdependenzen	• Definition einfacher Kriterien zur Ressourcenaufteilung • Einführung Ressourcen-datenbank	• Einsatz der bestehenden PM-Systeme für die übergeordnete Steuerung der Projekte • unternehmensweiter Einsatz
Handlungsempfehlungen für MPM–Beginner	• Einführung separate MPM-Stelle (z.B. im Projektteam, Arbeitsgruppen)	• Definition von MPM-Prozesse: u.a. für Planung, Steuerung, Priorisierung & Ressourcenverteilung	• Basisschulungen im Bereich MPM zur Vermittlung MPM-Kenntnisse	• Etablierung Ressourcen-aufteilungsprozess • Einführung Übersicht der für die Projekte notwendigen Ressourcen	• Erweiterung Funktionen der Standardsysteme • Einführung Übersicht Projektüberschneidungen,

Anhang O: Beispiel ausgefüllter Fragebogen zur Reifegradeinordnung

Fragebogen Reifegradeinordnung

Datum: 31.05.2023   Verantwortlicher: Name

1. **Fragen zur Organisation**

   1.1 Besteht bei Ihnen eine separate MPM-Abteilung?
   - ○ Ja
   - ✗ Nein

   1.2 Werden Projektabhängigkeiten betrachtet?
   - ✗ Ja
   - ○ Nein

   1.3 Besteht ein MPM-Leiter?
   - ○ Ja
   - ✗ Nein

   1.4 Bestehen neben dem MPM-Leiter weitere Rollen?
   - ○ Ja
   - ✗ Nein

   1.5 Bei bestehenden MPM: Ist die Stellung organisationsweit anerkannt?
   - ○ Ja
   - ✗ Nein

2. **Fragen zu Prozessen**

   2.1 Bestehen Vorgehensweisen zur Steuerung von Mehrprojektsituationen?
   - ✗ Ja
   - ○ Nein

   2.2 Bestehen standardisierte Prozesse für das MPM?
   - ○ Ja
   - ✗ Nein

   2.3 Sind die Prozesse klar definiert und unternehmensweit eingeführt?
   - ○ Ja
   - ✗ Nein

   2.4 Wird die Einhaltung der Prozesse kontrolliert?
   - ○ Ja
   - ✗ Nein

   2.5 Werden bestehende Prozesse des MPMs regelmäßig überprüft und optimiert?
   - ○ Ja
   - ✗ Nein

3. **Fragen zu Kompetenzen**

   3.1 Haben Ihre Mitarbeiter Erfahrungen im Bereich MPM?
   - ✗ Ja
   - ○ Nein

   3.2 Verfügen die Mitarbeiter über spezielle Kenntnisse im Bereich MPM?
   - ○ Ja
   - ✗ Nein

   3.3 Weisen die Mitarbeiter des MPMs eine hohe Analysefähigkeit auf?

---

   o Ja
   ✗ Nein

3.4 Sind den Mitarbeiter die komplexen Sachverhalte verständlich?

   o Ja
   ✗ Nein

3.5 Werden Schulungen zur Vertiefung und Aktualisierung des Wissens angeboten?

   o Ja
   ✗ Nein

4. Fragen zu Ressourcen

4.1 Besteht eine Ressourcendatenbank?

   ✗ Ja
   o Nein

4.2 Ist Ihnen klar, welche Projekte welche Ressourcen wann benötigt?

   ✗ Ja
   o Nein

4.3 Bestehen Kriterien zur Ressourcenverteilung?

   ✗ Ja
   o Nein

4.4 Besteht ein Prozess zur Priorisierung der Projekte bezüglich der Ressourcen?

   ✗ Ja
   o Nein

4.5 Werden geänderte Umweltbedingungen beachtet und gemonitort?

   o Ja
   ✗ Nein

5. Fragen zur Technologie

5.1 Bestehen bei Ihnen Projektmanagementsysteme?

   ✗ Ja
   o Nein

5.2 Ermöglichen die bestehenden Systeme eine übergreifende Betrachtung der Projekte?

   o Ja
   ✗ Nein

5.3 Werden bestehende Systeme für das MPM genutzt?

   ✗ Ja
   o Nein

5.4 Gibt es spezielle IT-Systeme für das MPM?

   o Ja
   ✗ Nein

5.5 Bei bestehenden MPM IT-Systeme: Werden diese Weiterentwickelt?

   o Ja
   ✗ Nein

Anhang P: Reifegradeinordnung Beispielunternehmen

	Organisation	Prozesse	Kompetenzen	Ressourcen	Technologien
1. MPM - Initiierer	Keine selbständige Abteilug. Bisher Projektmanagement durch Projektteams. Keine übergeordnete Planung und Steuerung des Projektportfolios.	Es bestehen keine MPM-Prozesse.	Projektmanagement-kenntnisse ohne spezielles Wissen zum MPM. Kein Bewusstsein von Abhängigkeiten zwischen den Projekten.	Willkürliche Ressourcenaufteilung. Unabäbhängig von strategischen Ziele. Kein Bestand Verfahren zur sinngemäßen Ressourcenverteilung auf Projekte. Späte Erkennung Ressourcenengpässe. Es besteht keine Übersicht, welches Projekt welche Ressourcen wann benötigt.	Standardsysteme fürs Projektmanagement bestehen. Diese ermöglichen keine übergreifende Planung und Steuerung mehrerer Projekte.
2. MPM - Beginner	Erste Aufnahme einzelner MPM - Aspekte. Betrachtung von Projektabhängigkeiten durch die Projektteams.	Es bestehen keine MPM-Prozesse. Es wird individuel vorgegangen. Gegebenenfalls Orientierung an alten Vorgehensweisen, sodass Entscheidungen ähnlich ablaufen.	Neben Projektmanagement-kentmisse erstes Bewusstsein für Abhängigkeiten der Projekte. Nur begrenztes Verständnis der komplexen Zusammenhänge.	Es bestehen einfache Kriterien zur Ressourcenafteilung. Diese sind undurchsichtig und unabhängig von Unternehmensstrategie.	Standardsysteme fürs Projektmanagement bestehen. Diese werden versucht für das MPM zu nutzen, jedoch nur eingeschränkt möglich.
3. MPM - Integrierer	Einführung einer ersten separaten MPM-Stelle, die oft noch keine eigenständige Abteilung darstellt. Somit Betrachtung von Abhängigkeiten zwischen den Projekten.	Definition von einheitlichen Prozessen des MPMs. Es stehen unter anderem Planungs-, Steuerung- und Priorisierungsprozesse.	Neben Projektmanagementkenntnissen auch einfache Kenntnisse im Bereich MPM. Mitarbeiter verschärfen Wissen bezüglich Abhängigkeiten.	Es besteht ein Prozess zur Ressourcenaufteilung. Bestand eines Überblicks, welches Projekt welche Ressource wann benötigt.	Erweiterung der Standardsysteme um Abhängigkeiten zwischen den Projekten. Nur begrenzte Nutzung möglich.
4. MPM - Manager	Bestand einer eigenständigen MPM-Abteilung, die Planung und Steuerung übernimmt. Bestand eines MPM-Leiters, der volle Verantwortung trägt. Rollen und Aufgaben sind definiert.	Kontrolle der definierten MPM-Prozesse auf ihre organisationsweite Einhaltung.	Neben Projektmanagementkenntnissen auch umfassende Kenntnisse im Bereich MPM. Erfassung der Abhängigkeiten aufgrund hoher Analysefähigkeit.	Ressourcenverteilung nach Maßgabe des Prozesse wird kontrolliert. Überprüfung Übereinstimmung mit Unternehmensstrategie.	Erste einfache IT-Systeme speziell für das MPM werden etabliert.
5. MPM - Experte	Bestand eines ausgereiften MPMs. Es ist organisationsweit anerkannt und unterstützt die Projektteams.	Kontinuierliche Verbesserung durch Überprüfung und Optimierung.	Neben Projektmanagementkenntnissen auch umfassende Kenntnisse im Bereich MPM. Verständnis für komplexe Zusammenhänge aufgrund überdurchschnittlicher Analysefähigkeit. Aktualisierung Wissen durch Schulungen.	Kontinuierliche Anpassung des Prozesses der Ressourcenaufteilung. Einbezug von geänderten Umwelt- und Rahmenbedingungen.	Weiterentwicklung der MPM-IT-Systeme.

Anhang Q: Handlungsempfehlungen Beispielunternehmen

Organisation	Prozesse	Kompetenzen	Ressourcen	Technologien
Einführung separate MPM-Stelle	Definition von MPM-Prozessen (z.B. Planung, Steuerung, Prorisierung und Ressourcenverteilung	Basisschlungen im Bereich MPM	Einführung Kontrollmechanismen zur Überprüfung der Einhaltung des Ressourcenaufteilungsprozesses	Erweiterungen Funktionen Standardsysteme
Einbezug Abhängigkeiten Projete	Zuordnung von Rollen zu Prozessen	Recruiting MPM-Experte	Abgleich mit Unternehmensstrategie	Einführung Übersicht Projektüberschneidungen, Koordinierung Termin- und Kostenpläne
...	...	...	...	...

Die Autoren / Autorinnen

Marie Limberg

Marie Limberg ist Absolventin des Studiengangs RSW – Accounting und Controlling an der Dualen Hochschule Baden-Württemberg in Mannheim. Nach ihrem erfolgreichen Bachelorabschluss arbeitet sie zurzeit im Projektmanagement der DB InfraGO AG.

Prof. Dr. Andreas Jonen

Prof. Dr. Andreas Jonen ist Professor an der Dualen Hochschule Baden-Württemberg in Mannheim sowie Dozent und Berater für Themen im Bereich Risikomanagement, Projektmanagement, Beschaffungscontrolling und Interne Revision. Er arbeitete viele Jahre in unterschiedlichen Industrieunternehmen im Bereich der Revision, unter anderem als Leiter der Revision. Anschließend war er Vice President Strategic Projects and Risk Management bei einem internationalen Maschinenbaukonzern und Professor an der Hochschule für Technik in Stuttgart.